Vieillesses meurtrières

Collection Criminologie
dirigée par Robert Cario

La criminologie apparaît comme un champ pluri et transdisciplinaire de connaissances, d'investigations, d'expertises et de traitement qui peine à être reconnu en France. Principalement mise en œuvre dans le domaine de la prévention, elle occupe également, au cas d'échec, une place prépondérante dans le procès pénal. Plus largement encore, la criminologie contribue à la restauration psychologique et sociale des protagonistes, dans l'endroit comme dans l'envers du crime.

Dans de nombreux pays, la discipline fait l'objet d'enseignements, de recherches et d'applications à la mesure de la complexité du phénomène criminel qui la nourrit. Dans d'autres encore, la profession de criminologue s'inscrit en totale harmonie avec les métiers de la justice, de la médecine, de la psychologie et du social.

La présente collection ambitionne de rassembler des ouvrages scientifiques et des travaux de terrain, appuyés tant sur les théories dominantes que sur les bonnes pratiques en agressologie ou victimologie, à l'intention de publics variés : étudiants, enseignants, chercheurs, magistrats, praticiens de toutes disciplines confrontés aux problématiques délinquantes, citoyens épris de justice.

Derniers ouvrages parus

Angéline Artus, *Criminalité et troubles mentaux*, 2023.
Jean Motte dit Falisse et Franck Ludwiczak (dir.), *De la récidive et du pardon. À la croisée des chemins du destin*, 2021.
B. Van Liel, *Pour une anthropologie complexe du crime*, 2020.
Rolande Chazot et Franck Violet (dir.), *La souffrance en prison*, 2020.
S. Charbonneau, C. Rossi, *La médiation relationnelle. Rencontres de dialogue et justice réparatrice*, 2020.
Y. Gérin, *La clinique des agresseurs sexuels au défi du dispositif pénal*, 2020.
C. Trotter, *Le suivi des usagers involontaires. Probation, délinquance et protection des mineurs. Guide pratique – 3e édition*, 2018.
Sylvain Jacopin et Jean-Manuel Larralde, *Le droit de visite des personnes incarcérées*, 2018.
J. Motte dit Falisse (dir.), *Du sens de la peine*, 2018.
Groupe AEMO spécifique - ADSEA Puy-de-Dôme, *L'abus sexuel intrafamilial. L'approche spécifique d'une équipe d'Action Éducative en Milieu Ouvert*, 2016.

Mireille THIBAULT

VIEILLESSES MEURTRIÈRES

Approche ethnologique

L'Harmattan

5-7, rue de l'École-Polytechnique ; 75005 Paris
http://www.editions-harmattan.fr
ISBN : 978-2-14-035443-4
EAN : 9782140354434

à mes petits-enfants :

Rose, Erwan, Gwenaël, Kilian, Jacob et Estelle

ainsi qu'à Coralie

Introduction

« Cet assassin, ce n'est pas un monstre, c'est un homme comme vous et moi ».
Jean GIONO

Le crime majeur est perpétré habituellement par une personne relativement jeune, souvent sous l'effet d'une impulsion que ce soit la colère, la jalousie ou tout autre sentiment. Quand il est question de criminalité, la personne plus âgée a tendance à être présentée, le plus souvent, en termes de victime et, étrangement, personne ne semble vouloir s'attarder aux gestes de violence que peuvent commettre les aînés. Ces cas se révèlent plus nombreux que nous pourrions le croire et peut-être encore plus à notre époque, en raison possiblement du vieillissement de la population. Je me suis intéressée à cette problématique peu traitée. En fait, nous pouvons remarquer chez les meurtriers une faible représentation chez les tout jeunes comme chez les plus âgés, la plus grande concentration d'entre eux se retrouvant dans la tranche d'âge de 25 à 34 ans. La plupart des homicides résolus ont été commis par une personne connue de la victime dans 83 % des cas, dans 37% de ceux-ci les victimes ont été tuées par une connaissance proche et dans 34% des cas par un conjoint actuel ou ancien.

La majorité des homicides et meurtres font partie des catégories suivantes : drame familial, querelle, règlement de comptes ou meurtre associé à un autre crime et, souvent, l'appât du gain est en cause. Il faut admettre que lors d'un homicide querelleur les deux belligérants sont souvent impliqués dans une même proportion dans l'action conflictuelle. Par ailleurs, plusieurs ont des antécédents de violences ou de crimes. L'individu qui agresse veut contraindre sa victime, l'abattre, la dominer. Il peut s'agir de vengeance, de punition, d'orgueil bafoué, etc. tout comme il peut être question d'un acte de défense. La violence peut également s'expliquer en partie par divers facteurs biologiques qu'ils soient génétiques, hormonaux ou neurologiques tout comme par des éléments psychologiques. Il existe un lien entre la frustration et l'agression, et la tolérance à la première provient souvent de l'éducation de l'individu entre autres facteurs. Un élément déclencheur peut parfois motiver le passage à l'acte bien que souvent il s'agisse d'une accumulation de faits, qui se produit parfois depuis des années, qui atteindra les limites de l'individu le poussant à agir. La violence querelleuse, entre autres, intervient entre des gens qui ont de nombreux rapports entre eux, il y a souvent une escalade des faits et le conflit génère une réaction de plus en plus agressive de la part des personnes impliquées. La boisson et la drogue ont parfois un rôle à jouer dans le drame survenu. Les homicides querelleurs et conjugaux sont habituellement beaucoup plus fréquents que les homicides prédateurs. Par ailleurs, une certaine instabilité est parfois notée chez l'individu violent autant au niveau professionnel que familial. L'homicide conjugal est quant à lui souvent motivé par un désir de possession et de domination, passion et rage sont souvent présentes. Il y a habituellement une rupture annoncée, puis des menaces, une altercation et finalement le passage à l'acte.

Il semble admis que l'identité d'un individu se construit petit à petit pendant l'enfance par identification et différenciation en rapport aux parents et aux membres de l'entourage. Lors de l'avancement en âge, et surtout chez l'individu âgé, il entre en jeu des modifications corporelles ainsi que de la dynamique personnelle, du statut social et des liens sociaux. L'image que la personne a d'elle-même s'en trouve donc modifiée, tout comme son engagement social et les attentes de son entourage à son endroit. Cette notion d'identité se relie à une perception de soi en fonction de liens avec l'entourage, la personnalité quant à elle étant la façon d'être et d'agir. L'identité est variable au fil des évènements et du temps alors que la personnalité demeure plus stable au cours de la vie. Il existe deux courants principaux pour expliquer la personnalité d'un individu et son développement. D'abord, l'approche des traits de personnalité qui voit ceux-ci comme une structure dynamique avec plusieurs caractéristiques disposant la personne selon une manière d'agir et de penser qui lui est propre. Les diverses études menées au fil des années semblent démontrer une constante dans les caractéristiques de la personnalité avec peu de variance lors de la progression vitale et donc peu de modification jusqu'à un âge avancé de la vie. La personnalité serait fixée en grande majorité à partir de la trentaine et varierait peu par la suite. Il peut exister cependant à ce sujet des différences individuelles qui démontreront une variation de la personnalité au fil du temps.

Les contextes rencontrés par l'individu également ou divers éléments indépendants de sa volonté peuvent influer sur sa personnalité. Ceux-ci peuvent tempérer certains traits de la personne ou encore les intensifier. Le névrosisme (instabilité émotionnelle), l'extraversion et l'ouverture à l'expérience tendent à diminuer avec l'âge alors que le caractère agréable et le caractère consciencieux semblent augmenter. Ce caractère plus agréable a été interprété comme une meilleure capacité d'accepter et d'intégrer les divers aspects de la vie en modérant le jugement critique. En vieillissant, la plupart des personnes deviennent plus stables sur le plan émotionnel, ont un meilleur contrôle de leurs impulsions, sont plus consciencieuses et soucieuses des autres mais pas plus ouvertes et créatives cependant. La personne âgée, en général, serait donc moins impulsive et plus encline à éviter les conflits et à accepter les évènements négatifs. Il faut ajouter que l'individu, au long de sa vie, sera porté à rechercher un environnement qui lui ressemble et lui correspond.

D'un point de vue d'évolution individuelle, existe également la théorie des stades de développement qui découle du mouvement psychanalytique et prône le développement de la personnalité comme un enchaînement d'étapes ou de stades. Freud affirmait que la structure de la personnalité est fondamentalement établie au cours de l'enfance et ne subit que peu de remaniement par la suite pour se fixer définitivement au milieu de la vie adulte. Selon le psychanalyste Erik H. Erikson, le développement de la personnalité est un processus continu qui peut être divisé en séquence de huit stades. Les deux derniers étant l'âge adulte moyen qui est réglé par le travail et le souci des autres et l'âge adulte avancé relié à la sagesse et à la renonciation. Par ailleurs, il existe également l'approche contextuelle associée aux divers événements rencontrés au cours de la vie de l'individu. L'étude de crimes commis chez des sujets plus avancés en âge peut nous mener à remettre en cause l'enfance maltraitée si souvent évoquée concernant le passage à l'acte criminel, car si un premier meurtre est commis dans la soixantaine, peut-on encore parler de motivation provenant de l'enfance du contrevenant ?

Pour cet ouvrage, j'ai récolté des meurtres commis à travers le monde par des individus âgés de 50 ans et plus, car c'est vers l'âge de 50 ans que la criminalité serait en baisse selon les statistiques disponibles. Outre l'âge, je me suis attardée à déterminer les mobiles qui ont mené l'individu à passer à l'acte. Il est certain que le nombre de cas, évalués dans cet ouvrage, est loin d'être exhaustif et que mon étude n'est donc pas déterminante. Malgré tout, ces cas se révéleront suffisamment représentatifs pour permettre quelques déductions pertinentes. À tout le moins, les informations mentionnées sur un sujet peu traité autant par la criminologie que par la gérontologie peuvent jeter les prémisses de futures recherches sur le sujet. En effet, dans les prisons suisses, par exemple, le nombre de criminels de plus de 50 ans a doublé depuis 2005. Sur 600 personnes incarcérées, 30 sont âgées de plus de 70 ans selon l'anthropologue social Ueli Hostettler de l'Université de Berne et ce dernier signale que le vieillissement de la population carcérale se remarque surtout dans les établissements de haute sécurité où se purgent de longues peines. Ce qui implique que des problèmes y surgissent en termes de mobilité, d'aménagement des lieux ainsi que de cohabitation avec les autres détenus. De toute évidence, le vieillissement de la population mondiale entraînera différents enjeux dont la criminalité des aînés fait partie. Certains des individus dont il est question dans cet ouvrage n'avaient aucun antécédent judiciaire alors que d'autres sont en fait des tueurs en série qui ont débuté leur carrière à un plus jeune âge et l'ont poursuivie à un âge plus avancé. D'ailleurs, y a-t-il un moment où nous pouvons croire qu'un individu n'est plus dangereux ? Il serait faux de l'affirmer, pour exemple en octobre 2015 un individu de 83 ans attaque au couteau un autre pensionnaire de 102 ans dans une maison de retraite de la commune de Soler en Pyrénées-Orientales. La victime circulait avec son déambulateur devant la chambre de l'agresseur lorsque ce dernier lui a asséné plusieurs coups de couteau au cou. Une infirmière est aussitôt intervenue et l'agressé n'aura finalement que des blessures superficielles. Le maire de Soler a mentionné que l'individu avait un problème psychiatrique et son cas avait été signalé, mais le directeur de la maison de retraite affirma qu'il était suivi et inoffensif. L'homme résidait sur les lieux depuis dix ans sans jamais avoir démontré de tendances à la violence.

Le but de la présente étude est donc d'obtenir de l'information supplémentaire concernant l'accomplissement d'un meurtre chez les aînés. Comme avec les tout jeunes meurtriers (à ce sujet, voir mon ouvrage *Enfants meurtriers. Ces enfants et adolescents qui tuent.* La Boîte à Pandore, 2020), il semble y avoir parfois une sorte de pudeur de la part des autorités et les aînés contrevenants ne sont pas toujours nommés explicitement comme s'il valait mieux ne pas aborder le sujet en profondeur. Il semble également qu'il soit de mise de donner peu d'informations, encore là comme s'il fallait amoindrir des crimes commis par des gens âgés. Pourtant, il faut en tenir compte ne serait-ce qu'en pensant au vieillissement de la population et comprendre qu'ils ne sont pas tous uniquement… des victimes ! Prenez note que, parfois, je n'ai pas réussi à découvrir ce qui était survenu, comme suite aux meurtres perpétrés, à savoir s'il y avait eu procès ou internement du contrevenant. Nous pouvons croire cependant que les personnes concernées n'ont jamais été en procès, ont été déclarées inaptes pour cause de troubles mentaux ou encore que le procès n'a pas encore eu lieu ou n'a pas été suffisamment médiatisé pour qu'un résultat puisse être connu.

1

Meurtrier(ère)s de 50 à 59 ans

Dans ce chapitre, nous présentons des cas de meurtriers et meurtrières âgés de 50 à 60 ans. Leurs mobiles sont divers tout comme leurs situations envers les victimes : certains sont des voisins de celles-ci, des membres de leur famille, etc. Ces âges ne correspondent pas à notre époque à ce que nous appelons la *vieillesse*. Cependant, d'un point de vue criminologique, cette catégorie d'âge de délinquants mérite que l'on s'y attarde. En effet, il est pertinent de déterminer ce qui les pousse au passage à l'acte alors que, normalement, il s'agit d'un moment de l'existence au cours duquel l'individu devrait être en contrôle de ses gestes.

A. Mobile financier

Claus von Bülow

Dans la haute société de Newport, état de Rhode Island, vivent Claus et Martha von Bülow. Martha Crawford, née en 1932, est l'une des femmes les plus riches des États-Unis et c'est elle qui a fourni la fortune du couple. Très belle, elle est très tôt surnommée *Sunny* par les membres de son entourage. Après l'échec d'un premier mariage, qui lui a donné deux enfants, Martha part vivre à Londres avec eux. Elle y rencontre Claus von Bülow. Né en 1926 à Copenhague d'une famille bourgeoise, il est également très beau, a fait de brillantes études et est reconnu comme un intellectuel. Il travaille d'abord dans un cabinet d'avocat puis est engagé par le magnat du pétrole Paul Getty. Claus et Martha s'épousent en juin 1966, il a 40 ans et elle 34. Le couple semble heureux et offre fréquemment de grandes réceptions à leur demeure. Ils ont ensuite une fille, mais l'accouchement se passe mal et Sunny restera paralysée pendant quelques jours. Elle recouvre ensuite toutes ses facultés, mais demeure frigide et, en raison de cette situation, permet à Claus des aventures extraconjugales s'il sait demeurer discret. Mais malgré son apparente acceptation, Martha von Bülow est farouchement jalouse et prend mal la situation. Désirant garder son époux auprès d'elle, Sunny lui demande de quitter Paul Getty et lui promet en retour un testament en sa faveur qui lui rapportera 14 millions de dollars en plus de leurs possessions. Claus accepte cette condition. Mais, inactif, il s'ennuie et semble être devenu une sorte de secrétaire privé aux ordres de sa femme. Sunny commence ensuite à boire, ce qui l'amène à prendre du poids, elle utilise alors des laxatifs pour maigrir et des tranquillisants pour se calmer. Claus ne travaille pas, mais se rend souvent à New York et y rencontre une ancienne actrice avec qui l'aventure se révèle sérieuse, mais il semble hésiter à demander le divorce. Puis, avec l'accord de Sunny, il devient producteur de spectacles simplement pour s'occuper. Martha constate alors que son époux s'éloigne de plus en plus d'elle et songe à divorcer.

Au soir du 26 décembre 1979, elle fait un malaise et son fils l'accompagne dans sa chambre. Le lendemain, Sunny ne descend pas pour déjeuner et sa gouvernante s'inquiète. Claus répond à celle-ci que sa femme va bien et qu'elle se repose. Au début de l'après-midi, la gouvernante insiste et se rend voir Sunny qui semble dormir profondément, mais sa main est glacée et la femme tente alors de la réveiller, sans résultat, pendant que Claus maintient que Martha est simplement endormie. La gouvernante doit quitter la chambre sur les ordres de ce dernier et, vers 18h, le fils de Sunny arrive à la maison et est informé de la situation. Il appelle d'urgence leur médecin qui arrive rapidement pour ensuite demander des secours. Sunny a un taux de sucre si bas qu'on lui injecte du glucose par intraveineuse, ce qui la sort du coma. Personne ne comprend une chute de glucose aussi brutale. Claus s'empresse auprès de son épouse et un médecin suspecte une tentative de meurtre à l'insuline, mais abandonne ensuite l'idée. Cependant, la gouvernante est certaine qu'on a attenté à la vie de Sunny et se confie à la mère et au beau-père de celle-ci. Ils accusent alors Claus qui se défend de toute action de ce genre et les choses en restent là.

Des mois passent ensuite sans que la situation s'améliore dans le couple. La gouvernante, qui surveille Claus, découvre une trousse de cuir contenant des seringues et divers produits et note ce qu'elle contient. En fait, sans raison, il y conserve de l'insuline. Le 1er décembre 1980, Claus découvre Sunny inconsciente en raison d'une surdose d'aspirine : on croit à une tentative de suicide. La femme se remet, mais le 19 décembre est à nouveau retrouvée au sol, victime d'une crise d'hypoglycémie et, malgré les traitements, elle ne sortira plus du coma. Son cerveau est détruit à 60% et elle ne pourra jamais se remettre. La famille de Sunny rassemble ensuite diverses pièces du puzzle et présente ces informations à la police. Claus, alors en déplacement, est arrêté le 14 juillet 1980 à son retour à New York. Accusé d'avoir attenté à la vie de sa femme, il est laissé en liberté, mais on lui confisque son passeport. Le procès de Claus von Bülow débute le 1er février 1982 à Newport, il a alors 56 ans. Le jury le déclarera responsable des deux comas qu'a subis sa femme et il est condamné à trente années de prison, soit dix années pour la première tentative et 20 pour la seconde. Claus demande aussitôt un appel et est laissé en liberté après avoir payé la caution d'un million de dollars grâce à l'aide d'amis. Son second procès s'ouvre en avril 1985 à la suite duquel il est acquitté pour les deux crimes. Sunny décédera le 6 décembre 2008 sans jamais avoir repris conscience, après 28 années de coma.

Dr Charles Friedgood

Le Dr Charles Friedgood est un chirurgien ayant réussi sa carrière et qui possède une grande demeure de 18 pièces dans la section Kensington de Long Island. Il y a élevé sa famille et est marié depuis 28 ans avec sa femme Sophie. En 1967, âgé dans le mi-cinquantaine, il rencontre une infirmière Danoise, Harriet Larson. Elle n'est pas une beauté, mais possède un pouvoir de séduction certain et une relation entre les deux protagonistes débute bientôt. Pendant des années, ses filles, Toba, Esther, Beth et Debbie crurent qu'elle était une simple employée, mais petit à petit la vérité se fait jour dans leur esprit et Sophie sera la dernière à admettre la liaison de son époux. Puis Harriet devient enceinte et, en 1972, se rend au Danemark pour accoucher d'un fils nommé Heinrich. Le Dr Friedgood les installe alors dans un appartement près de sa résidence. Deux ans plus tard, Harriet est de nouveau enceinte et effectue le même processus, cette fois elle donne naissance à une fille, Matte. Le Dr Friedgood est à ses côtés, ayant raconté à sa femme se rendre à une convention médicale en Arizona. Tous reviennent ensuite aux USA et le médecin les installe dans un plus grand appartement près de sa résidence. Il utilise des objets provenant de sa demeure et que Sophie n'utilise plus, pour meubler ce nouvel appartement.

Mais Harriet le harcèle pour qu'il divorce bien que le médecin n'ait de cesse de lui expliquer les difficultés financières qui surviendront dans un tel cas. D'autre part, il explique également à Sophie ne pouvoir se défaire d'Harriet, en tant qu'employée, car elle sait certaines choses à propos de ses transactions financières. Les filles du médecin commencent à s'apercevoir que les enfants d'Harriet sont leur demi-frère et demi-sœur, bien que le médecin s'évertue à les convaincre qu'il n'y a entre eux qu'une relation médecin-infirmière. Mais Sophie commence à lui faire des scènes face à cette inacceptable situation. Le 17 juin 1975, ils sortent dans un restaurant de Brooklyn, Sophie est heureuse, car son époux lui a dit qu'Harriet se trouve au Danemark. Vers 20h, le couple retourne à leur résidence chacun dans leur voiture. Ils sont seuls à la maison. Sophie se couche alors que Charles travaille dans son cabinet. Il saisit alors une seringue contenant du démérol, un narcotique analgésique et l'injecte à sa femme. Celle-ci crie et se débat pendant que son époux la maintient le temps que la drogue agisse, soit environ dix minutes. Elle devient ensuite amorphe et il lui fait d'autres injections jusqu'à son décès. Le médecin ramène ensuite la seringue dans son cabinet et se couche. Le lendemain, il se rend au travail et Lydia Fernandez, qui travaille à la résidence des Friedgood, trouve étrange que sa maîtresse ne lui ait pas laissé de note concernant le moment de son lever. À13h, elle trouve la femme décédée.

Le médecin semble mortifié par la mort de sa femme et soutient qu'il s'agit sans doute d'une attaque puis signe le certificat de décès. Mais la police de Kensington a déjà eu vent des problèmes conjugaux de la famille, s'étant déjà rendue sur place pour des disputes. Il leur semble étrange qu'un autre médecin n'ait pas été appelé pour signer le certificat de décès. La police de Nassau County est informée du doute soulevé et réussit à obtenir une autopsie. Le Dr Friedgood insiste pour y assister. Toute la manière de procéder de ce dernier est découverte et les policiers se rendent à sa résidence à la recherche de la seringue utilisée. Le médecin tente alors de la camoufler avec l'aide de l'une de ses filles, Esther, qui fait disparaître la seringue et la bouteille de démérol dans une toilette du deuxième. Quelques jours plus tard, le médecin imite la signature de sa femme afin d'accéder à plusieurs de ses coffres de sûreté. Il y trouve 600 000$ en argent comptant, des bons négociables et des bijoux. Il appelle ensuite sa fille Debbie lui mentionnant que son médecin lui a conseillé de prendre quelques jours de repos, mais sans préciser sa destination. Cependant, l'époux de Debbie réalise qu'il va en fait rejoindre sa maîtresse au Danemark et avertit les policiers. Ceux-ci découvrent qu'il veut se diriger d'abord sur Londres et réussissent à faire revenir l'avion. Le médecin est arrêté et inculpé du meurtre de sa femme. Ses enfants témoigneront contre lui au procès. En janvier 1977 il est trouvé coupable et condamné à la prison à vie avec un minimum de 25 années d'incarcération.

Simone Weber

En cette nuit du 22 juin 1985 à Nancy, une dame octogénaire occupant un appartement de rez-de-chaussée se demande ce que fait sa voisine du haut, Simone Weber, une veuve âgée de 55 ans. En effet il y a un bruit de vrombissement qui se disperse dans tout l'immeuble et qui rappelle un aspirateur coincé. Vers minuit un bruit sourd est entendu. La vieille dame sait que Simone, avec qui elle ne s'entend pas, n'est pas seule, mais en compagnie d'un homme aux cheveux gris. Il y a ensuite un bruit de seau métallique sur le palier puis elle voit Simone descendre l'escalier avec un gros sac poubelle noir puis un seau vide. Celle-ci charge ensuite le pesant sac et le seau dans sa voiture puis démarre. Simone Weber revient vers deux heures du matin pour repartir trois heures plus tard. Elle fera ainsi huit allers-retours entre sa voiture et son appartement avec des sacs poubelle noirs. Son compagnon, quant à lui, ne sera pas revu. Puis Simone pose quinze sacs en plastique de supermarché au pied d'un arbre près de l'immeuble, le mari de la vieille dame se rend alors jeter un œil et constate qu'il s'agit de déchets et de bouteilles vides. Simone Weber semble ensuite prise d'une folie de propreté et récure tout ce qui est à sa portée dans l'immeuble. En fait c'est sa sœur qui occupe cet appartement, elle-même réside habituellement dans sa maison située dans les faubourgs. La vieille dame voisine découvre ensuite un sac près de la corde à linge qui contient des linges tachés de sang et déchirés. Entre temps la voiture de l'homme aux cheveux gris a également disparu.

Simone Weber avait hérité de sa maison d'un militaire retraité de 80 ans, Marcel Fixard, qu'elle avait connu par le biais de petites annonces alors qu'il cherchait une compagne. Simone s'était alors présentée sous le nom de Monique Thuot, professeur de philosophie à la retraite. Elle avait alors 47 ans, mais prétendit être plus âgée comme l'exigeait le vieil homme et s'était déguisée en conséquence. Ce dernier, ayant vécu cinquante années avec son épouse défunte, s'éprit de cette nouvelle femme dans sa vie. À l'été 1977, elle vint s'installer chez lui, mais bientôt le tout tourne au cauchemar. Simone, encore là selon les exigences de l'annonce, avait caché ses quatre enfants dont deux jumeaux. Elle voit peu trois d'entre eux, mais fait passer son fils préféré pour son neveu. Ce dernier est l'un des jumeaux dont l'autre se suicidera pour échapper semble-t-il au service militaire.

Simone surprend ensuite le vieux militaire avec une autre femme et tout semble compromis entre eux, mais il lui demande finalement de revenir. Pendant ce temps Simone se rend continuellement chez de nombreux médecins se plaignant de sa santé précaire. Le vieux militaire veut l'épouser, mais elle repousse cette proposition, en fait elle est séparée depuis des années de son ex-mari, mais pas encore divorcée. Elle ne divorcera officiellement qu'en novembre 1978, mais par la suite c'est le militaire qui renonce au mariage, il faut dire qu'ils se querellent sans cesse. La femme a mauvais caractère et il modifie alors son testament en faveur de son neveu préféré. Malgré tout, le couple s'épouse le 22 avril 1980 à Strasbourg, à la mairie. Mais... l'homme présent n'est pas Marcel Fixard, mais un acteur retraité. Les deux complices se rendent ensuite chez le notaire et signent des documents pour vendre la maison de « Fixard » qui fait également de Simone Weber sa légataire. Neuf jours plus tard, celle-ci utilise une ordonnance volée et achète deux boîtes de digitaline. Les jours suivants, la santé de Marcel Fixard, le vrai, se détériore, il a de la difficulté à parler et démontre une démarche mal assurée. Simone refuse de l'emmener à l'hôpital malgré l'avis du neveu du vieil homme. Trois semaines après le faux mariage, il décède d'une crise cardiaque, que peut provoquer la digitaline en dose élevée. Simone hérite alors d'une forte somme en plus de la maison.

Un an après la mort du militaire, en 1981 elle rencontre une vieille connaissance, Bernard Hettier, qui lui raconte la fin de son mariage et elle lui fait part de son statut de veuve. Ils renouent et Hettier emménage avec Simone pendant la semaine, mais s'absente les fins de semaine. Celle-ci découvre ensuite des lettres impliquant une idylle avec une jeune femme. Les querelles commencent alors dans le couple, il y a des ruptures et des réconciliations entre eux, mais Simone semble réellement éprise d'Hettier, c'est pourquoi elle refuse de lâcher prise. Ils se voient toujours et la santé de Bernard se détériore. Même s'il la soupçonne de l'empoisonner lentement, ce dernier se sent incapable de s'en détacher. Simone l'espionne continuellement pour connaître ses activités et ses fréquentations. Cependant, il change ensuite les serrures de sa maison et refuse d'appeler la police, même s'il a peur de sa compagne. Étrangement, tous deux continuent de se rencontrer. Le 22 juin 1985, Hettier quitte l'usine où il travaille, se rend chez une amie et lui explique que Simone l'attend devant chez lui avec une arme à feu. Cette amie lui fait promettre de ne rien accepter qui soit offert par cette femme. Retournant chez lui, il y trouve Simone qui l'attend puis entre avec elle et tous deux ressortent pour repartir chacun dans leur voiture personnelle. Bernard Hettier ne sera plus jamais revu.

Pour sa part Simone Weber%% soutient lui avoir demandé de venir déboucher un évier puisqu'il devait effectuer un voyage en compagnie d'une nouvelle amie, Monique. Elle prétend l'avoir quitté vers midi à la poste. Monique, avec qui un voyage était effectivement prévu, n'a pas de nouvelles de Bernard, mais un inconnu l'appelle pour signaler que son compagnon de voyage a des ennuis avec sa maison et doit annuler leur projet. C'est ensuite l'une des filles de Bernard qui s'inquiète de la disparition de son père et la signale aux policiers. Pendant ce temps, Simone rend visite à sa fille, qui ne l'a pas vue depuis des années, et envoie son gendre se faire passer pour Bernard et demander un faux certificat d'arrêt de travail. Ce document est envoyé à l'employeur de ce dernier, mais comme des données qui y sont inscrites sont fausses celui-ci alerte à son tour les policiers. Simone et sa sœur sont aussitôt placées sous haute surveillance. Les enquêteurs trouvent ensuite un garage loué sous un faux nom par Simone et où se trouve le véhicule d'Hettier. La fouille de l'appartement de la sœur de Simone permet d'y découvrir la carte d'identité de Bernard et ses clefs de voiture. Puis dans un autre appartement loué par la femme, les policiers découvrent une carabine, un pistolet à air comprimé et des munitions puis d'autres armes sont trouvées dans un autre appartement de Simone. Les deux sœurs sont arrêtées. Madeleine est accusée de recel, vol et destruction de documents pour empêcher la détection d'un crime. Simone est inculpée d'homicide volontaire, vol, usage de fausses plaques minéralogiques, possession illégale d'armes à feu et d'explosifs. Elle est amenée à la prison de

Nancy. Marcel Fixard est exhumé, mais la digitaline disparaît après quelques années et il n'y en a plus trace.

C'est alors qu'en septembre 1985, un torse est retiré de la Marne, dans une valise lestée par un parpaing. Il s'agirait de celui de Bernard Hettier. Le procès de Simone Weber accusé des meurtres de Fixard et Hettier commence le 17 janvier 1991. L'instruction dure cinq ans au cours desquels la femme demeure emprisonnée. Après onze heures de délibération, le 28 février 1991, Simone Weber est condamnée à 18 mois de prison pour avoir détruit le passeport et le chéquier de Bernard Hettier et acquittée pour le meurtre de Marcel Fixard, mais déclarée coupable du meurtre d'Hettier. Cependant les jurés lui accordent des circonstances atténuantes. Elle écope donc de 20 ans de réclusion pour ce dernier crime. Niant toujours ses actes criminels Simone Weber est libérée en novembre 1999 et ira vivre avec sa sœur à Cannes.

Jean Daddow

En ce soir du 26 novembre 1991, en Grande Bretagne, Terence John Daddow, 52 ans, entend frapper à la porte de sa luxueuse résidence de Northiam dans le Sussex. C'est un étranger habillé en noir qui le tue d'un seul coup de feu de son arme de calibre 12. Sa femme, Jean, 51 ans, se trouve dans la chambre au deuxième étage et attendra quinze minutes avant d'appeler les secours. Elle dira avoir été en état de choc pour expliquer ce retard, mais les enquêteurs ont une autre explication. Le jour même une annonce étrange avait paru dans le journal local mentionnant que malgré des médisances le couple Daddow était toujours marié et heureux de vivre ensemble. Il y était ajouté entre autres qu'ils avaient été déclarés non coupables de fraude, vol ou sénilité par des avocats. Plusieurs pistes sont suivies lors de l'enquête pour le meurtre de Terence, mais surtout concernant le passé de la victime. Ancien sous-directeur de banque, il était le second mari de Jean. Tous deux se sont épousés en juin 1989, Terry avait 50 ans et Jean 49. Lorsqu'ils se rencontrent en 1985, Terry est marié et a trois garçons, Jean s'était présentée à la banque disant s'être fait voler ses cartes de crédit. Âgée de 45 ans elle porte des jupes courtes ainsi que des décolletés plongeants et se maquille de façon abusive. Elle est également mariée, mais de fil en aiguille une liaison se noue entre le directeur de banque et Jean devenue une cliente régulière. Terry confie alors à sa nouvelle flamme qu'il escroque des femmes âgées ayant une totale confiance en lui et aura bientôt une fortune entre les mains. Tous deux collaborent ensuite pour poursuivre ces arnaques.

Mais des rumeurs courent bientôt sur le sous-directeur de banque et une enquête pour fraude est ouverte. Rien ne peut être prouvé cependant, car rien n'interdit dans la loi à des femmes âgées de donner leur argent à qui elles le veulent bien. Mais stressé et sans cesse en arrêt maladie, Terry prend une préretraite en mai 1990. Ce qui ne convient pas réellement à Jean. Ils continuent cependant leurs arnaques auprès de personnes âgées de leur connaissance. Après le meurtre de Terry, les enquêteurs découvrent l'étendue de sa fortune et que le brave couple ne l'était qu'en apparence. Jean semble être au centre de toute l'affaire. En fait, depuis des mois, elle verse du LSD dans les aliments de son époux pour provoquer des hallucinations et aggraver sa dépression. Elle l'a ainsi fait modifier son testament et pris le contrôle de l'argent disponible. Comme c'est souvent, le cas l'homme vaut encore plus cher mort que vivant. Il faut dire qu'avant même son mariage, Jean cherchait quelqu'un pour tuer son futur époux. Elle avait finalement engagé un ancien militaire, Robert Bell, qui s'était ensuite enfui aux États-Unis et avait appelé un journaliste anglais pour confesser son crime.

La police réussit à le convaincre de revenir en Grande-Bretagne pour le bien de l'enquête pendant qu'une Jean éplorée demande, devant les médias, au meurtrier de se rendre. Elle tente désespérément d'envoyer les enquêteurs sur de fausses pistes. Mais voyant que le piège se resserre autour d'elle, Jean envoie une lettre à un journaliste qui suit l'affaire et absorbe des doses massives de drogue. Quatre mois après le meurtre, elle est retrouvée dans un état grave, mais sera sauvée. Le document qu'elle a écrit n'est destiné qu'à l'exonérer et à présenter Terry comme un homme violent. Le tueur témoignera cependant de sa participation au crime et qu'il y avait eu plus d'une tentative effectuée par Jean pour éliminer son époux. Le fils de la meurtrière était également impliqué dans le complot. Le 8 avril 1993, Jean Daddow, son fils et Robert Bell sont reconnus coupables de meurtre. Le 19 mai 1993, ce dernier est condamné à la prison à vie avec un minimum de 15 années à purger plus 18 ans pour conspiration de meurtre. Jean Daddow et son fils sont condamnés chacun à 18 années de détention pour conspiration de meurtre.

B. Se débarrasser de quelqu'un

Styllou Christofi

En cette soirée du 28 juillet 1954, un voisin de la famille Christofi voit dans leur cour un torse féminin qui brûle au milieu de journaux. Il croit d'abord qu'il s'agit d'un mannequin et constate qu'il règne une forte odeur de mazout. L'appartement donnant sur cette cour est occupé par Stavros Christofi, un chypriote grec. Serveur de profession dans un café reconnu, il y demeure avec sa femme Hella, d'origine allemande, travaillant dans une boutique de mode et leurs trois enfants. Depuis le début de l'année précédente, la mère de Stavros, Styllou Christofi, réside avec eux. C'est une femme acariâtre qui hurle souvent et maugrée violemment à propos de tout et de rien. Par deux fois, son fils lui avait trouvé un appartement, mais elle en avait été expulsée en raison de son comportement inadéquat. Un beau jour Hella doit se rendre en Allemagne pour rendre visite à sa famille en compagnie des enfants et exige que sa belle-mère soit partie à leur retour. C'est dire la situation pénible que vit la famille. Il ne semble pas cependant que l'ultimatum ait réussi. En cette soirée de juillet, le voisin voit la femme âgée de 53 ans, mais en paraissant beaucoup plus, sortir du bâtiment pour venir attiser le feu, il croit qu'elle brûle des détritus. Une heure plus tard, elle sort dans la rue en criant qu'il y a le feu et que les enfants dorment. Un témoin et sa femme passant en voiture se précipitent pour aider, mais la femme alarmée désigne le feu dans la cour qui ne brûle presque plus. L'homme s'aperçoit rapidement qu'il s'agit d'un corps humain et prévient les policiers qui arrivent au même moment que Stavros, de retour de son travail.

Assez tôt, Styllou Christofi est arrêtée pour le meurtre de sa belle-fille, alors âgée de 36 ans : c'est en effet son corps qui brûlait dans la cour. S'exprimant par l'intermédiaire d'un interprète grec, la femme nie le crime et tente d'expliquer l'odeur de mazout. L'autopsie démontrera qu'Hella a été victime d'un violent coup qui lui a fracturé le crâne, mais qu'elle est morte asphyxiée, étranglée avec un lien semblable à un foulard. La meurtrière a ensuite tenté de brûler le corps de sa bru pour camoufler son crime. Lors de son procès, Styllou Christofi crie *non* à chaque chef d'accusation. La femme a un passé de violence dans son lieu d'origine, à Chypre, et avait de fréquents accès de fureur. Elle nie être folle ce qui empêchera son avocat de tenter cette défense au procès. Styllou dira avoir tenté de ranimer sa bru avec de l'eau, après l'avoir trouvée couchée dans le feu puis avait couru chercher de l'aide. Elle maintiendra cette peu plausible version tout au long de son procès. L'alliance de la victime est retrouvée dissimulée dans la chambre de Styllou qui dira l'avoir trouvée dans les escaliers et avoir cru qu'il s'agissait d'un anneau de rideau. Stavros affirmera, pour sa part, qu'il était peu vraisemblable que sa femme ait perdu son alliance, celle-ci étant très ajustée. Styllou Christofi avait travaillé dur physiquement toute sa vie et possédait une bonne force physique la rendant apte à commettre le crime. De plus, des taches de sang sont découvertes sur la plaque du cendrier du poêle de la cuisine. La dame sera condamnée à la peine de mort le 29 octobre 1954. La Cour de cassation rejettera son appel le 30 novembre suivant. Elle est pendue le 15 décembre 1954 à la prison d'Holloway, devenant ainsi l'avant-dernière femme à être pendue en Angleterre.

Elizabeth Duncan

Le 18 novembre 1958, Olga Kupczyk Duncan, infirmière de 29 ans travaillant à l'hôpital Saint Francis et résidant à Santa Barbara, ne se présente pas à son travail. Une collègue se rend à son domicile pour constater qu'elle n'est pas chez elle bien qu'elle soit enceinte de six mois. Elle appelle alors l'époux d'Olga, l'avocat Frank Patrick Duncan Jr, qui contacte la police. Leur appartement ne démontre aucun signe d'effraction ou de lutte. Les vêtements qu'Olga portait la veille sont disposés sur une chaise, mais son sac à main avec son contenu habituel se trouve sur la table. Deux autres collègues infirmières l'avaient visitée la veille jusqu'à 23 h sans que quoi que ce soit d'anormal n'ait été remarqué. Les enquêteurs apprennent ensuite que l'époux de la disparue vit, à ce moment-là, avec sa mère, Elizabeth Duncan, âgée de 54 ans. Olga est née à Vancouver et était arrivée à Santa Barbara un an plus tôt. Épousé en juin 1958, le couple s'était séparé en août. Frank n'avait pas vu sa femme depuis dix jours, mais encore très amoureux, il espérait reprendre la vie commune, tous deux étant restés en bons termes. La disparue jouit d'une excellente réputation et rien ne laisse croire à une fugue quelconque.

Les enquêteurs découvrent alors que le mariage du couple a été annulé au tribunal de Ventura le 7 août 1958. Frank est le premier surpris d'apprendre cette nouvelle, lui et sa femme n'ayant jamais entrepris une telle procédure et il ne s'est jamais rendu dans cette ville à cette époque. De plus, la signature d'Olga dans ce document ne correspond pas à sa signature habituelle. Le notaire ayant procédé à l'annulation peut identifier la supposée Olga. Il s'agit d'Elizabeth Duncan. Un avocat de Santa Barbara se signale ensuite, disant que celle-ci l'avait appelé lui ayant raconté qu'elle-même et un homme engagé par ses soins s'étaient fait passer pour Olga et son fils afin d'obtenir l'annulation du mariage. Elle voulait que l'avocat se charge de l'annoncer à son fils ce qu'il avait refusé et avait appelé le notaire pour l'informer de cette situation. Ce dernier avait ensuite téléphoné à Frank Duncan trois semaines après l'annulation pour vérifier ce fait et ce dernier ne comprenait rien à ce qu'il lui racontait, mais l'affaire n'avait pas été plus loin.

Plusieurs témoins mentionnent ensuite aux enquêteurs la forte opposition de Mme Duncan au mariage de son fils avec Olga, la femme avait une relation fusionnelle avec son rejeton qui n'avait pas renoncé à son épouse pour autant. La belle-mère a tout fait pour maltraiter et repousser sa belle-fille qui s'en était ouvert dans ses lettres adressées à son père résidant au Canada. Celles-ci furent transmises aux policiers. Elizabeth Duncan injuriait régulièrement Olga et laissait courir diverses rumeurs sur son compte dans son entourage. On apprend également que Duncan entrait souvent au tribunal main dans la main avec sa mère qui le regardait avec des yeux brillants d'amour maternel.

Une voisine, informée de tous les faits de l'histoire, décrit aux enquêteurs l'homme qui a personnifié Frank pour l'annulation du mariage et ajoute qu'elle a entendu Mme Duncan planifier le kidnapping de sa bru. Elle demanda ensuite la protection de la police, ce qui lui fut accordé. Puis on apprend que Mme Duncan a engagé deux hommes et entrepris diverses procédures pour se procurer de l'argent. La femme est arrêtée et au long de ces premières procédures son fils demeure à ses côtés, ne croyant pas aux accusations à son endroit. Mais au cours de l'enquête, on retrouve les hommes engagés et la voiture utilisée pour le kidnapping d'Olga. L'un des kidnappeurs avait avoué à des relations qu'avec ses complices il avait fait le boulot de Mme Duncan et que les policiers ne retrouveraient jamais la garce dont le corps se trouvait derrière une canalisation. Il ajoute qu'il avait fallu la buter, car elle avait « gueulé ». On apprend entre temps que Mme Duncan avait fait annuler les trois derniers de ses sept mariages dont certains époux avaient plus de vingt ans de moins qu'elle. L'un était même un collègue étudiant en droit de son fils. En 1953, elle avait été arrêtée pour avoir tenu un salon de massage qui était en fait un commerce de prostitution. A la suite des derniers événements, elle est donc accusée de conspiration de rapt et du meurtre d'Olga. Le corps de cette dernière sera retrouvé et Frank Jr ira habiter sous un nom d'emprunt dans un appartement d'Hollywood. Il refusa longtemps d'admettre la relation néfaste qu'il entretenait avec sa mère et ne crut pas à sa culpabilité pendant un bon moment malgré toutes les preuves dévoilées. En janvier 1959 Elizabeth Duncan plaide non coupable en raison de démence. Quelques jours plus tard, ses complices plaident la /même défense. En mars suivant, tous les trois sont condamnés pour meurtre avec préméditation et seront exécutés à San Quentin le 8 août 1962.

C. Rage et jalousie

René Brunet

René Brunet, 55 ans, de Saint-Eustache au Québec, Canada, a perdu les pédales selon son expression et poignardé à mort sa compagne avec qui il vivait depuis 20 ans. Celle-ci venait de lui faire parvenir un ordre de la Cour signifiant qu'il avait quatre jours pour quitter le foyer conjugal. Le drame s'est déroulé en ce 17 février 1979 au domicile de l'accusé. Il expliquera avoir été blessé par l'ordonnance et avoir perdu la tête puis frappé son épouse avec un couteau qu'elle avait d'abord pointé sur lui. Avant sa mort, Marie Brunet s'était rendue au palais de justice de Saint-Jérôme, tout comme son époux, pour régler les modalités de la demande de séparation faite par la victime. Tout avait été confirmé sauf l'exclusivité du domicile conjugal. Mais René Brunet n'avait pas apprécié la décision du juge. Son procès pour le meurtre de son épouse se déroule en septembre 1979 et l'homme fait face à une accusation de meurtre au premier degré qui est réduit à une accusation d'homicide involontaire sur les conseils de son avocat Me Robert La Haye. Il est condamné à onze années de détention.

Jean Harris

En Pennsylvanie, un drame se déroule dans la nuit du 10 mars 1980. Jean Harris, originaire du Michigan et directrice de la Madeira School à Mac Lean, une école privée réputée pour jeunes filles sera au centre du crime. Herman Tarnower, la future victime, est un nutritionniste, riche et célèbre après avoir publié deux ans plus tôt un ouvrage à succès, *The Complete Scarsdale Medical Diet*. Les deux protagonistes se sont connus en 1966, elle est alors divorcée et lui, de treize ans son aîné, ne s'est jamais marié. Célibataire endurci, Tarnower accumule les conquêtes et Jane devient l'une d'elles, mais ce qui n'est pour lui qu'une amoureuse de plus devient plus sérieux pour la femme. Elle occupe alors un poste de professeur à l'institution scolaire dont elle deviendra la directrice un an plus tard environ. Presque au même moment, soit un an après leur rencontre, le Dr Tarnower lui propose de l'épouser et lui offre un diamant. Mais le médecin ne renouvelle pas sa demande et la laisse plutôt tomber dans l'oubli, leur liaison continue donc, à distance, car chacun travaille et vit à environ cinq heures de route l'un de l'autre. Mais Jane est toujours passionnée par son amant alors que lui ne cherche qu'à devenir riche et célèbre. En fait c'est elle qui a rédigé le célèbre ouvrage à partir des notes du médecin. Il vient alors d'avoir 69 ans et a atteint son but.

Voilà quatorze ans que leur idylle se déroule toujours dans l'ombre. Le médecin a cependant une jolie infirmière dans la trentaine à son service et Jane lui reproche bientôt ses maîtresses. Son caractère s'aigrit et elle s'aperçoit que la belle infirmière semble gagner la partie. Pire encore, le médecin s'éloigne de Jane dont il semble s'être lassé. Le 10 mars, celle-ci met tous ses papiers en ordre, dont son testament et se rend voir son amant. Elle veut qu'ils s'expliquent dans ce qui sera peut-être leur dernière rencontre, mais amène avec elle un pistolet Harrington & Richardson, calibre .32. Son appel irrite le médecin qui doit souper en compagnie de l'infirmière, maîtresse du moment, et d'une amie. Jane insiste pour venir néanmoins et la distance et le mauvais temps feront qu'elle arrivera après le départ des invitées. Elle arrive à 23h et le Dr Tarnower, au lit et fatigué, lui dit de venir se coucher. Mais dans la salle de bain, Jane trouve des produits appartenant à sa rivale qu'elle lance au sol. Le médecin se lève, la gifle et elle court alors chercher son arme. Un premier coup de feu traverse la main de celui-ci. Jane prétendra avoir voulu mettre fin à ses jours et qu'il avait tenté de saisir l'arme. Le Dr appuie sur l'interphone et appelle ses domestiques. Puis il y a un deuxième coup de feu et il s'effondre entre les deux lits. La cuisinière ayant entendu les coups de feu et l'appel du médecin contacte les policiers. À leur arrivée la victime est décédée et Jane Harris admet son crime en expliquant qu'elle n'en pouvait plus, car son amant couchait avec toutes les femmes. Elle soutient cependant que sa mort est un accident quand il a tenté de lui enlever son arme.

L'agressivité dont elle fait preuve au procès, tout comme une lettre écrite par ses soins et arrivée après la mort du docteur et remplie d'amertumes et d'injures, ne lui rendent pas service bien qu'elle ait d'abord eu une bonne partie de l'opinion publique avec elle en tant que femme bafouée. Le 20 mars 1981, Jane Harris, un an après la mort de son amant, est reconnue coupable de meurtre au second degré et condamnée à la prison à vie. Elle demeurera en prison pendant 13 années où elle a un comportement exemplaire. En 1984 Jane Harris subit une attaque cardiaque, est opérée puis libérée sur parole en janvier 1993 à l'âge 70 ans.

D. Désespoir

John Bauer

À Kirkland, au Québec, en septembre 2001, des flammes s'échappent du toit de la résidence des Bauer. John Bauer, âgé dans la cinquantaine, est un citoyen modèle et ancien président de l'association du hockey mineur de la région. Les pompiers trouveront cinq corps sur les lieux. Helen, la femme de John, âgée de 52 ans, leurs enfants, Jonathan, 22 ans, Wesley, 18 ans et Justin 13 ans. Ainsi que Lucio Beccherini, un associé de John, âgé de 45 ans. John pour sa part est retrouvé sans vie au sous-sol, il s'est tiré une balle dans la tête. Les enquêteurs concluent rapidement à un quintuple homicide suivi du suicide du tueur. En fait, sur une période de trois jours John Bauer aurait également tué son beau-père de 75 ans et toutes ces victimes. Des amis confient qu'il était l'homme le plus gentil du monde, généreux et dévoué. Les inspecteurs trouveront néanmoins trois notes de suicide écrites par Bauer et postées à des membres de sa famille éloignée. Ceux-ci les recevront au cours de la semaine des meurtres. Il avait tout prévu. L'homme avait contracté plus de 100 000$ de dettes et perdu son emploi depuis janvier 2000. Il avait tenté de démarrer à son compte avec peu de succès et vivait à crédit afin de fournir à sa famille tout ce dont elle pouvait avoir besoin et même plus. Il a tué ses victimes une à une selon leur ordre d'arrivée sur les lieux. Le mardi, il a assassiné sa femme et ses fils puis, le lendemain, son beau-père. Une journée plus tard, il attire son associé et le tue à son tour. D'autres personnes avaient été invitées par Bauer au cours des jours précédents, mais n'avaient pu se rendre chez lui. Nul doute qu'il aurait voulu faire encore plus de victimes. Avant de se suicider, l'homme a allumé plusieurs foyers d'incendie dans la maison, mais tout avait pu être contrôlé rapidement.

E. Alcoolisme et violence

Renaat

Renaat, que tout le monde appelle Ronny, âgé de 58 ans, est l'époux de Josiane, 57 ans, et tous deux vivent depuis plus de 35 ans dans une petite ville située près de l'Atomium à Ganshoren, une banlieue de Bruxelles. Grands consommateurs d'alcool tous les deux, ils n'ont aucun problème d'argent. Leurs parents sont riches et ils n'ont jamais eu à travailler. Le couple a deux enfants, deux garçons. Il y a de fréquentes scènes de ménage entre eux cependant et, parfois, assez violentes. Le 11 janvier 2004, vers 13h30, la dispute est si intense que Ronny donne trois coups de couteau dans le ventre de Josiane, qui tente de s'enfuir. Un voisin, alerté par les cris, appelle les policiers. Pendant ce temps, Ronny se plante lui-même le couteau dans la gorge puis crie qu'il ne veut pas mourir. Il retire le couteau, mais ayant atteint la carotide l'homme décède rapidement. Josiane pour sa part succombera pendant son transfert à l'hôpital. Un voisin raconte qu'il entendait leurs disputes puis que tous deux s'enivraient et que tout était oublié pour recommencer à nouveau. Un cycle infernal que personne n'a su arrêter.

F. Prédateur récidiviste

Albert Fish

Albert Fish, âgé de 58 ans, est considéré par tous comme un tranquille père de famille de six enfants. Le 28 mai 1928, alors qu'il se trouve chez la famille Budd sous de fausses représentations, soit prétendument donner du travail à l'un des fils, il prend la petite Grace Budd, 12 ans, sur ses genoux. C'est à ce moment qu'il décide de l'enlever. Avec l'accord des parents, qui croient que Fish est un gentil vieillard proposant à leur fillette d'assister à une fête familiale, il amène l'enfant dans une maison vide qu'il a déjà repérée et l'envoie cueillir des fleurs pendant qu'il se dévêt. Il fait ensuite revenir l'enfant, l'étrangle et la découpe en morceaux pour amener ceux-ci à son appartement où il les cuit et les mange, ce qui suffit à le nourrir pendant neuf jours. C'est par l'enveloppe d'une lettre adressée à la famille Budd en 1934, que les policiers pourront remonter jusqu'au vieil homme. Il avouera ne pouvoir expliquer ce qui l'a poussé à commettre ce crime dont il fait le récit sans émotion. Il dira simplement avoir une soif de sang à laquelle il ne peut résister. Au procès, il est bien sûr question de savoir s'il est ou non sain d'esprit et le psychiatre Fredric Wertham déclare que l'homme a fait preuve au cours de sa vie d'une perversité sans précédent. Fish souffre de psychopathie sexuelle et présente une mémoire étonnante. Pourtant un psychiatre l'ayant examiné bien avant le meurtre de Grace a déclaré ne déceler aucune folie. C'est au tournant de la cinquantaine que sa psychose se serait affirmée, il a alors des visions du Christ et entend des mots murmurés : *coups de fouet, récompense, plaisir, châtiment*, qu'il interprète comme des ordres divins lui ordonnant de torturer et tuer. Fish est jugé coupable de meurtre et condamné à la chaise électrique. Avant d'être exécuté, il avoue l'assassinat d'un autre enfant, Billy Gaffney, assassiné en 1927, la police le soupçonnait déjà de ce meurtre sans avoir de preuves officielles, mais elle croit qu'il a sans doute fait plusieurs autres victimes. Il a aussi bu le sang et mangé certaines parties du corps de ce jeune garçon. Malgré une tentative d'appel, la condamnation à mort est maintenue et Albert Fish est exécuté le 16 janvier 1936.

Christian Beaulieu

Le 6 mai 2006, près de la salle des fêtes de Moulins-Engilbert dans la Nièvre, où est organisé un souper dansant, des enfants jouent dehors et, à un moment, Mathias Duchemin, quatre ans, se retrouve seul. C'est alors que Christian Beaulieu, un ancien ouvrier agricole au chômage depuis plusieurs années et âgé de 57 ans, lui demande de l'accompagner et l'entraîne à sa suite. L'homme viole l'enfant et enfouit son corps à 300 m de la salle des fêtes sous un amas de feuilles et de boue après l'avoir asphyxié. Il sera interpellé six jours après la disparition de Mathias. L'avocat général le présente comme un véritable prédateur d'enfants et ce depuis longtemps. Beaulieu avait fait face à deux procédures pour des agressions sexuelles sur six enfants, dont son propre fils de six ans, en 1982 et 1998. Il a reconnu à l'audience avoir agressé au moins sept enfants au début des années 70 et son ex-concubine, Marie-Jeanne Hoffmann, 49 ans, avait écopé de deux années de pénitencier pour non-dénonciation de crime. L'homme a reconnu une partie des faits à son procès concernant le meurtre du petit Mathias, affirmant que son côté méchant l'avait poussé à accomplir ces gestes et qu'il avait tué l'enfant pour se débarrasser d'un témoin gênant. En décembre 2007, Christian Beaulieu est reconnu coupable de meurtre accompagné de viol sur mineur de moins de quinze ans et condamné à la réclusion à perpétuité, sans possibilité de libération conditionnelle avant trente ans.

G. Troubles mentaux

Yves Bureau

Yves Bureau, 58 ans, comparait en septembre 2011 devant les assises de la Dordogne pour avoir agressé et découpé vivante une retraitée en septembre 2009. Depuis longtemps dans son village de Verdon, Yves Bureau, père de deux enfants, est reconnu comme taciturne, « dur au mal » et aimant la chasse. La victime, Édith Muhr, était une retraitée allemande âgée de 68 ans, paisible et érudite, originaire de Cologne, Elle était vivante quand son meurtrier lui a tranché un doigt, puis le reste du corps, la laissant se vider de son sang. Il lui a coupé les seins, les organes génitaux et arraché le cœur. Le massacre aurait duré une heure et a été exécuté avec précision. En ce 10 septembre 2009, vers midi, Mme Muhr marchait entre Faux et Lanquais, son époux l'attendant à l'auberge. Comme elle ne s'y présente pas, il effectue le parcours allant à sa rencontre sans la retrouver et prévient les gendarmes qui découvrent rapidement dans un bois des objets lui appartenant et des traces de sang sur un morceau de bois. S'y trouvent également les traces d'un corps qu'on aurait traîné. Le lendemain, les enquêteurs rencontrent les habitués de cette route, dont Yves Bureau qui se présente spontanément. Il éveille les soupçons en parlant de véhicules suspects, car ses dires ne correspondent pas aux autres témoignages. Placé en garde à vue, le suspect dit avoir trouvé le corps nu et découpé et avoir chargé les morceaux pour les immerger dans la mare de la ferme. Mais craignant qu'ils ne remontent à la surface, il les a ensuite placés dans des sacs d'engrais et cachés dans un champ de maïs.

Il racontera, plus tard, une autre version : l'avoir percutée avec son fourgon alors qu'elle traversait la route, nue selon ses dires. Le 12 septembre, il avoue finalement aux policiers où se trouvent les sacs contenant le corps et raconte tout, comment il s'est occupé du corps, les sévices administrés, etc. Bureau donnera une dizaine de versions différentes de ses actes et se vexe d'être pris pour un voleur quand on lui demande s'il a pris les bijoux de sa victime. Il désignera pourtant l'endroit où il les a rangés. Dans l'une de ses versions, il affirmera être victime d'une vengeance. Il aura, lors de la reconstitution, des sourires étranges au moment de raconter la découpe du corps. Insensible, il comparait pour homicide volontaire avec actes de torture ou de barbarie précédés ou accompagnés d'un autre crime. Au procès, il dira ne pas avoir été dans une bonne période à cette époque en raison de la mort de son père et du fait de devoir s'occuper de l'exploitation dirigée par sa mère. Sa femme lui avait alors conseillé de se faire aider, mais il n'avait pas suivi cette recommandation. Bureau avouera ensuite avoir des *flashs* des événements, avoir bien découpé sa victime, mais ne pas vraiment se souvenir l'avoir tué et l'aurait plutôt découverte déjà décédée. Le meurtrier sera condamné à la réclusion à perpétuité.

Manuela Rodriguez

En mars 2015, à Chicago, une grand-mère de 52 ans, Manuela Rodriguez, garde sa petite fille de sept mois, Rose Herrera lorsqu'elle téléphone à sa sœur pour lui dire avoir tué l'enfant. Elle l'a battue puis étouffée et lui a tranché la gorge avec une scie, car la petite n'arrêtait pas de pleurer. La femme tente ensuite de se suicider en se tailladant la gorge, mais survit. Les ambulanciers constatent que la fillette a une chaussette enfoncée dans la gorge ainsi que des coupures profondes au cou, à la gorge et à la poitrine. La femme avait déjà été traitée en psychiatrie et selon son avocat, Ignatius Villasenor, a toujours été présente pour les gens de son entourage et était quelqu'un de confiance. Elle est accusée de meurtre prémédité, ayant utilisé une clé à tuyau pour battre l'enfant. Je n'ai pas trouvé les résultats du procès, il est fort probable que la femme a été internée d'office.

Jacqueline Sanders

Le 4 août 2016, à Albany dans l'état de New York, Jacqueline Sanders, 54 ans, tue sauvagement deux de ses petits-enfants. Après avoir frappé l'un de ceux-ci, Isaiah Gates, dix ans, avec un aiguiseur à couteau, elle le poignarde puis le transporte dans le coffre arrière d'une voiture. L'enfant est toujours vivant et y demeurera pendant douze heures, conscient. Il présente des lacérations multiples au dos et au cou, mais survivra. La femme a ensuite poignardé sa petite-fille Zakyria Sanders, six ans, pendant son sommeil puis a incendié la résidence. Le corps de la femme ainsi que celle d'un autre de ses petits-enfants, Jaylan Barr, sept ans, ont été retrouvés près de la porte arrière. Elle avait omis de prendre sa médication ce qui aurait entraîné ce comportement erratique et destructeur.

H. Légitime défense

Bernadette Dimet

Le 2 janvier 2012, Bernadette Dimet, 56 ans, tue son époux Bernard Bert, 62 ans, dans une clairière de Parmilieu en Isère. Elle tire vers lui à deux reprises avec un fusil de chasse et le touche mortellement. La femme racontera avoir eu l'intention de se suicider, mais que son époux l'a poursuivi et lui a fait peur, le coup de feu est ensuite parti accidentellement. La vie conjugale de Bernadette Dimet est parsemée par la violence. Mariée à l'âge de 16 ans, mère de deux fils, son mari la considère comme une bonne à rien, la menace et lui impose des rapports sexuels et aurait même tenté de l'écraser avec sa voiture. Irascible, l'homme a violé une sœur de Bernadette et tenter d'en violer une autre alors âgée de 15 ans. De ce viol était né un enfant, devenu un secret de famille. D'abord condamnée à dix ans de prison à la suite d'une accusation d'assassinat pour avoir tué son mari violent, Bernadette est partiellement graciée par le président François Hollande et écope finalement de cinq années avec sursis par la cour d'assises de l'Isère. Elle est condamnée à ce moment pour des faits de violences volontaires ayant entraîné la mort sans intention de la donner. Les jurés ont écarté la préméditation et l'intention de tuer.

I. Rage

Anwar Goolfee

Deux mères célibataires de Pantin, âgées d'une trentaine d'années et amies d'enfance, doivent partir en vacances vers le Sud en Espagne. Elles finiront plutôt poignardées en juillet 2016, juste avant leur départ prévu avec leurs quatre enfants. Amel est mère d'un garçon et Crystelle a trois enfants âgés de 4 à 11 ans. Le drame se produit dans le quartier de la Courtilières devant les yeux d'une enfant de 12 ans. L'agresseur est un dénommé Anwar Goolfee, un Mauricien âgé de 50 ans, qui vit en couple au premier étage, rue Lamartine. Ce jour-là, une locataire de l'immeuble est alertée par la jeune témoin de 12 ans, mais la police est déjà sur les lieux et trouve une seconde victime dans le bâtiment. Les femmes ont été frappées de plusieurs coups d'un objet tranchant. Le meurtrier est ensuite rentré chez lui et se laissera interpeller par la police. Une lime à bois est retrouvée dans l'escalier et un couteau chez le suspect. L'appartement de celui-ci est placé sous scellés, les policiers croyant que le drame y a débuté lorsque Crystelle s'y est rendue, voulant sans doute interdire à cet homme d'approcher de sa fille aînée. Elle l'a donc confronté en compagnie d'Amel. Les crimes ont eu lieu entre l'appartement de cet homme et l'entrée de l'immeuble, où il aurait attrapé de force la seconde victime pour la faire rentrer. Le mobile des crimes demeure néanmoins nébuleux et le tout est à l'état de rumeur. L'homme était considéré comme gentil, toujours prêt à laisser sa place de stationnement, un ami serviable, mais nerveux depuis une dizaine de jours. Il avait des problèmes personnels et disait travailler auprès de personnes âgées à Paris. À Pantin, aucune plainte n'a jamais été déposée contre lui, mais il avait été mis en examen pour une agression sur mineur trois ans auparavant dans un autre département. Il sera condamné à 20 ans de réclusion.

Jean-François Mourrain

Dans la nuit du 11 au 12 septembre 2018, Jean-François Mourrain, âgé de 58 ans, ancien marin, acariâtre et violent, tue son colocataire de 52 ans qu'il frappe de 114 coups de couteau puis étrangle à mort. Le drame se produit dans un studio à Quimper. À son procès en décembre 2020, il nie avoir tué la victime, mais dit l'avoir seulement piqué avec un couteau à steak pour le faire réagir. Il est condamné le 18 décembre à 18 ans de réclusion, mais fait appel. Sa condamnation est néanmoins confirmée à l'issue de ce nouveau procès.

Gérard Plante

Le 6 novembre 2022, à Sainte-Rose, au sud de La Réunion, Gérard Plante, 57 ans, s'empare d'un couteau et poignarde à plusieurs reprises sa compagne, Charlotte Dalleau, 49 ans. L'homme se présente ensuite, couvert de sang, chez des voisins qui appellent aussitôt les secours. Le quinquagénaire tente ensuite de mettre fin à ses jours en retournant son arme contre lui. Le décès de la dame est constaté dès l'arrivée des secours, elle était assistante d'éducation dans un collège et mère de trois enfants. Son agresseur n'est pas le père de ceux-ci. Transporté à l'hôpital, Gérard Plante, employé communal depuis 20 ans et membre de l'une des premières équipes d'animateurs de Radio Est, est traité pour troubles psychiatriques. On apprend qu'il aurait passé plusieurs mois à

Saint-Pierre, un hôpital psychiatrique, et y était encore traité. Il reconnaîtra avoir poignardé sa compagne qui se trouvait alors dans le lit. Il l'aurait frappée de cinq coups au cœur. Vivant ensemble depuis six ans, au cours des dernières semaines l'ambiance était plus tendue au sein du couple et Charlotte Dalleau avait envisagé une séparation. Gérard n'a pas aimé cette décision, ce qui aurait suscité sa réaction violente. Il semble qu'il soit devenu instable après une séparation d'avec sa première épouse.

J. Compassion

Hilde

Mercredi soir le 23 novembre 2022 à Kuurne, en Flandre occidentale, une femme de 58 ans, atteinte de sclérose en plaques, étouffe son époux infirme âgé de 58 ans avec un oreiller. C'est l'un des fils du couple qui donne l'alerte alors qu'il ne peut accéder au domicile familial. Les secours appelés sur les lieux parviendront à pénétrer dans la résidence pour découvrir l'homme décédé dans son lit. Son épouse, Hilde, se trouve à ses côtés, mal en point après avoir ingurgité une grande quantité de médicaments. Emmenée aux urgences, elle survivra. Il semble qu'elle ne pouvait plus s'occuper de son époux ayant eu un AVC l'année précédente. Elle est arrêtée pour meurtre.

Le vieillissement est un processus irréversible qui débute ou s'accélère lorsque l'organisme atteint sa maturité et consiste en un processus de détérioration du corps à divers niveaux, entre autres cellulaires et moléculaires. Le fait de vieillir et de voir ses capacités physiques et parfois intellectuelles diminuer peut contribuer à modifier le comportement chez un individu. Entre autres, la prévalence des troubles anxieux est élevée chez les personnes âgées, les femmes sont deux fois plus à risque, ce qui peut parfois provoquer des comportements inattendus. Ces troubles s'accompagnent souvent d'autres affections comme la dépression, des problèmes alimentaires ou la toxicomanie. Certains déséquilibres dans la chimie du cerveau peuvent de plus contribuer à l'apparition de tels troubles. Parmi les neurotransmetteurs en cause, nous pouvons nommer la sérotonine, la noradrénaline et l'acide gamma-aminobutyrique ou GABA. Certaines affections comme l'anémie et des problèmes de thyroïde peuvent également être liés à l'anxiété. Celle-ci peut également être provoquée par un ou des événements traumatiques, décès, maladie, perte, etc. qui s'ajoutent souvent lorsque tout l'entourage vieillit. Une certaine perte d'autonomie ou de contrôle sur son environnement peut également mener une personne âgée à développer de l'anxiété. Habituellement, ces personnes étaient déjà anxieuses auparavant et le processus du vieillissement n'améliore pas leur situation. Des pertes anticipées sont par ailleurs suffisantes pour entraîner un stress, qu'elles se réalisent ou pas.

De même, une personne dont les fonctions cognitives sont atteintes peut présenter un comportement perturbateur. Le trouble du comportement peut être un trouble de l'humeur (dépression, bipolarité, etc.). Dans ces cas, la personne peut être méfiante en raison de ses pertes de mémoire et de l'altération de son jugement et peut croire s'être fait voler lorsqu'elle a tout simplement égaré un objet. Ce qui peut mener à des conflits avec ses proches. Dans un tel état, la personne peut également s'illusionner ou halluciner. Avec la progression de telles atteintes, l'individu peut oublier les convenances ou exigences sociales et tenir des propos inappropriés, se déshabiller en un lieu public, etc. Il peut y avoir également un trouble du comportement sur fond psychotique, trouble délirant paranoïde, agitation motrice, hallucinations... Le délirium est un état clinique qui résulte en un état confusionnel aigu, il peut s'agir d'un délirium hyperactif (le patient est agité, dérange et est hyper vigilant) ou un délirium hypoactif (le patient est ralenti, apathique). Plus le patient affiche de facteurs de risque, de prédisposition, plus le délirium peut se déclencher en raison d'un stimulus minime. Le développement d'un tel processus peut être tout autant insidieux que rapide.

La ménopause intervient également chez la femme lors du vieillissement, elle est déterminée par le moment où celle-ci n'a plus ses règles pendant 12 mois consécutifs. La périménopause est l'étape qui survient juste avant celle-ci. Peuvent alors être observés un changement physique et émotif et la production d'œstrogène et de progestérone devient imprévisible. Cela peut entraîner divers symptômes : règles irrégulières, sueurs nocturnes, bouffées de chaleur, fatigue, douleur, irritabilité, nervosité, incontinence urinaire, sautes d'humeur, amnésie, etc. Il s'agit d'une phase normale du processus de vieillissement. La ménopause prématurée peut être génétique ou provoquée par des affections auto-immunes. L'andropause pour sa part est associée à la diminution de l'hormone masculine appelée testostérone. L'apparition des symptômes est plus graduelle que lors de la ménopause. La testostérone est l'hormone responsable de la gravité de la voix, de la masse musculaire, de la barbe et du système pileux. Environ 30% des hommes dans la cinquantaine afficheront des symptômes d'andropause. Il y a alors une baisse de production des spermatozoïdes qui peut entraîner des symptômes physiques et psychologiques bien qu'il s'agisse d'un processus du vieillissement normal. À ce moment, il y a également élévation du taux d'une autre hormone, la globuline reliée aux hormones sexuelles, ce qui peut provoquer des sautes d'humeur et de la fatigue. Bien que les symptômes varient, l'andropause cause habituellement une diminution de l'appétit sexuel, une difficulté d'érection, une perte d'énergie, de la dépression, de l'irritabilité, des sautes d'humeur, une perte de force et de masse musculaire, une augmentation du tissu adipeux et des bouffées de chaleur. L'andropause n'est toutefois pas un syndrome médicalement reconnu et demeure controversée, mais surviendrait entre 45 et 65 ans. Le déclin hormonal est partiel, progressif et inconstant alors que chez la femme ce dernier chute de façon marquée. Peut-être ces changements biologiques peuvent-ils expliquer certains crimes examinés dans le présent ouvrage.

Par ailleurs, l'activité et sexuelle se modifie avec l'âge. Le maintien de celle-ci mène à ce que les changements biologiques associés au vieillissement soient moins prononcés et aient moins d'incidences sur la sexualité. Bien que le nombre d'activités sexuelles diminue avec l'âge, l'intérêt et la capacité en demeurent constants. La plupart des individus ressentiront le désir sexuel pendant toute leur vie. Selon un sondage la majorité des personnes de 65 ans et plus ont déclaré que le sexe était important et la majorité de ceux de 65 à 74 ans se considère sexuellement active. Divers changements physiques et psychologiques que nous venons de voir peuvent cependant avoir une incidence sur la vie sexuelle et le plaisir ressenti. La santé physique, en général, sert à déterminer à quel point la vie sexuelle d'une personne demeurera active. Les personnes les plus actives à ce niveau produisent naturellement plus d'hormones sexuelles. Habituellement, le désir sexuel et la réaction à la stimulation sexuelle évoluent lors du vieillissement, il faut donc plus de temps pour être excité et, la personne ayant moins de résistance, plus de temps également pour atteindre le même degré de satisfaction qu'auparavant. Quoi qu'il en soit, avec l'âge on observe souvent une diminution de la fréquence de l'activité sexuelle et une augmentation de la prévalence des dysfonctions à ce sujet. Il est possible que la frustration engendrée par un tel déclin ait mené certains agresseurs au passage à l'acte, une telle problématique s'ajoutant à d'autres limitations qui se produisent au fil des ans. Le vieillissement est donc un processus présentant plusieurs volets dont certains influent sur le caractère et le comportement de la personne et ne sont pas à négliger lors d'une étude de la criminalité chez les aînés.

2

Meurtrier(ère)s de 60 à 69 ans

Dans ce chapitre nous progressons d'une tranche d'âge de dix ans pour examiner des cas de crimes commis par des meurtriers et meurtrières âgés de 60 à 69 ans ainsi que leurs mobiles.

A. Mobile financier

John W. Webster

En 1849, à Cambridge, John W. Webster, 60 ans, possédant une réputation internationale, enseigne la chimie et la minéralogie. Il est également chargé de cours à l'École de médecine de Boston, a publié de nombreux ouvrages et fait également partie de plusieurs sociétés savantes. Fils d'un pharmacien aisé, Webster n'a jamais eu de problème d'argent. Ayant, en 1833, hérité d'une bonne somme à la mort de son père, il en profite pour se faire construire une grande maison et y emménage avec sa femme et ses trois filles pour y mener grand train de vie. À tel point qu'il finit par s'endetter et s'adresse alors à un collègue, le Dr George Parkman, qu'il connaît depuis l'époque de ses études. Ce dernier appartient à la haute bourgeoisie de Boston et possède plusieurs biens immobiliers. À la tête d'une fortune colossale Parkman, a abandonné la médecine depuis plusieurs années. En 1942, Webster lui demande donc son aide, ce que son ancien confrère lui accorde, soit quelques centaines de dollars au taux de 6 % d'intérêt. Le prêteur n'en récupérera qu'une faible partie au cours des mois suivants ce qui ne l'émeut guère. Au cours des années suivantes, Webster se tourne vers d'autres amis pour leur soutirer de l'argent et le Dr Parkman se porte garant pour lui tout en ajoutant quelques centaines de dollars à son prêt initial. Dans un acte notarié, Webster le rassure en lui accordant en garantie certains de ses biens. En avril 1948 cependant, Webster est menacé de la vente publique de sa maison et se tourne vers un beau-frère de Parkman qui accepte de l'aider. Webster lui donne alors en gage un bien qu'il avait déjà offert en garantie à Parkman, ce qui vient aux oreilles de ce dernier qui change alors d'attitude. Il commence à harceler Webster sans répit, assistant parfois aux cours de celui-ci et s'installant au premier rang pour être bien remarqué. Parkman demande même à l'Université un embargo sur le salaire de Webster, ce qui lui est refusé. Le créancier se rend ensuite voir Webster à l'Institut et le menace de passer aux actes pour l'obliger à rembourser. Le médecin lui donne rendez-vous le 23 novembre 1848 à l'Institut à 13h30. Parkman ne sera plus revu et sa famille entame dès le lendemain des recherches approfondies et offre une récompense de 3000$ pour le retrouver.

La rivière est draguée, les bâtiments de l'Institut sont fouillés, car on croit que le disparu aurait pu y avoir un malaise, mais sans résultat. À ce moment, personne ne soupçonne un professeur d'université d'être coupable d'un crime majeur. Ce dernier fait fort aimablement visiter aux enquêteurs les lieux de son travail. Il raconte à un frère de Parkman avoir remboursé sa dette à celui-ci et attendre toujours sa lettre de créance à ce sujet. Webster racontera la même histoire à un neveu du disparu. Cependant, Littlefield, un garçon de laboratoire de Webster et également surveillant de l'institut, a des doutes. Webster y possède un cabinet de travail, un laboratoire et une toilette. Sous cette dernière se trouve une cave qu'un mur sépare de la salle de dissection. Littlefield se rappelle quelques événements inhabituels survenus lors de la période de la disparition de Parkman. Il commence à observer attentivement Webster, qui se sentant sans doute suspecté et sachant que les observations de Littlefield pourraient être compromettantes lui offre des présents et lui porte de plus en plus d'attention. Littlefield découvre ensuite que le professeur a fait brûler quelque chose dans le poêle de son laboratoire. Il y découvre également des traces d'éclaboussures d'un acide quelconque. Entre-temps, les rumeurs font de plus en plus état que le corps du disparu se trouverait toujours à l'Institut et qu'il serait bien possible que Littlefield soit le coupable. Cela découle de plusieurs lettres anonymes dont il sera démontré au procès qu'elles ont été écrites par Webster lui-même. À un certain moment, Littlefield décide de creuser sous la toilette de ce dernier pour y accéder afin de vérifier ce qui pourrait s'y trouver et est surpris par les policiers qui arrivent à ce moment avec la famille du disparu. Le garçon de laboratoire convainc les agents de le laisser finir le travail entrepris et il découvre alors sur le dallage de la toilette les ossements d'un bassin humain et des tronçons de jambes. Webster est ensuite arrêté.

Mais de plus en plus nerveux alors qu'il déambule dans la pièce, ce dernier saisit quelque chose dans sa poche qu'il porte à sa bouche et est aussitôt pris de convulsions. Il a avalé de la strychnine, mais n'en mourra pas. On retrouvera également des ossements calcinés dans son poêle, mais l'assassin continue de tenter de faire porter les soupçons sur Littlefield. Parmi les cendres se trouvent des morceaux de la prothèse dentaire de Parkman ce qui permet de confirmer son identification. Le procès du professeur Webster débute le 17 mars 1850 devant la Cour suprême du Massachusetts. L'homme de science plaide non coupable, mais est rapidement condamné par le jury. Son recours en appel est rejeté et il se confie ensuite à un ecclésiastique racontant que, cette journée-là, Parkman refusa toute demande de sursis de remboursement à tel point que de rage il l'avait frappé avec une massue de bois et que rien n'avait été prémédité. Il demanda ensuite pardon à Littlefield et à sa femme. Webster est exécuté le 10 août 1850.

Jeannine Fabre

Le 4 avril 1998, Jeannine Fabre, 67 ans, tue son époux Roger Guilbert à coups de hachette puis roule son corps dans le tapis de la chambre conjugale pour le traîner, au cours de la nuit, dans le garage. Là, elle tente sans succès de mettre le corps de 100 kilos dans le coffre de sa voiture puis, de guerre lasse, le découpe en morceaux pour éparpiller le corps à divers endroits. Mais elle présentera différentes versions des faits et dira aussi l'avoir jeté dans quatre sacs poubelle. Décrite comme manipulatrice, froide et secrète, la femme réussit à tromper les enquêteurs pendant six mois. Peu éplorée, dépensière, les incohérences de son récit concernant la disparition de son époux sont suspectes. En fait, Jeannine Fabre l'a tout simplement tué pour l'argent de l'assurance-vie. Elle avait dilapidé, à l'insu de son époux, un pactole amassé au fil des années. Lors du meurtre, elle a tenté de trouver un complice pour transporter le corps de son époux, mais le maçon ainsi interpellé a refusé. Elle soutenait aux enquêteurs que son mari avait disparu en pyjama en ce soir de printemps, près de leur petit pavillon de Livry-Gargan. Il était supposément parti promener le chien qui reviendra seul. Le corps de Roger ne sera jamais retrouvé, la meurtrière modifiant sa version concernant l'emplacement des morceaux du corps de celui-ci. Elle sera néanmoins jugée devant la cour d'assises à Bobigny. Lucide, réputée menteuse et contrôlante, la femme se montre tour à tour prise de remords ou méchante et parle d'un drame non prémédité. Elle tente même de faire croire que l'homme de 66 ans voulait la violer et qu'elle s'était défendue. Le million de dollars de l'assurance-vie avait déjà été dilapidé et l'arme du crime n'a jamais été retrouvée. Jeannine Fabre sera condamnée à 20 ans de réclusion.

B. Rage

Théophile Tarteret

Théophile Tarteret, un retraité de la Compagnie des chemins de fer de l'Est à Paris et compagnon de la veuve Hidriola, abat Léon-Sylvain Becquet, l'époux de la fille de sa compagne. L'agresseur aurait déjà reçu de nombreuses menaces de mort par la victime et le drame se déroule à Cussey-les-Forges où Tarteret s'est retiré avec sa conjointe à sa retraite. Celle-ci a deux filles dont l'une est mariée avec Becquet. Seule une petite cour sépare le commerce de ce dernier, un boulanger-épicier-cafetier, de la maison de Tarteret. Il y eut entre les deux hommes de nombreuses scènes de coups, de menaces et de gifles, bref une mésentente continuelle qui perdure. Le 20 septembre 1928, Becquet informe les divers partis avoir consulté un huissier pour expulser le retraité, ayant acquis récemment l'immeuble où Tarteret loue un appartement. Plus tard, dans la même journée, une violente dispute éclate entre la veuve, Becquet, Tarteret et la deuxième fille de la veuve. Tarteret menace alors Becquet d'une fourche pendant que ce dernier échappe le pistolet qu'il tient à la main que saisit le retraité. Il tire un coup, mais Becquet n'est pas touché et revient armé d'un couteau. Tarteret tire à nouveau et s'ensuivent plusieurs coups de feu de part et d'autre jusqu'à ce que la victime tombe mortellement blessée. En même temps est tué le maréchal-ferrant qui tentait de s'interposer pour faire cesser la dispute. La veuve, pour sa part, défendra son amant, expliquant que Becquet aurait été brutal envers sa fille, Mme Lilagant, qui confirme les dires de sa mère. La veuve explique également que la victime a bien failli les étrangler et avait l'intention de « zigouiller » toute la famille de son époux. Les deux femmes poursuivent leurs témoignages avec un éloge envers Tarteret puis énumèrent les violences de la victime qui se disait petit-fils de fous et fils d'alcoolique. L'avocat général ne veut pas défendre la mémoire de Becquet, mais souligne que tous vivaient à ses crochets. Le retraité de 64 ans sera condamné à six années de prison et dix années d'interdiction de séjour.

Annette Proulx

Annette Proulx, âgée de 64 ans et résidente de la ville de Québec au Canada, est condamnée à la prison à vie en juin 1979 pour le meurtre avec préméditation de son ancien ami de cœur, Alfred Rouleau, 66 ans, résidant de la même ville. Le juge Yves Bernier lui refuse sa remise en liberté provisoire et les jurés rendent leur verdict après sept heures de délibération, après avoir rejeté la thèse de l'accident soutenue par l'avocat de la défense, Me Claude Gagnon. L'accusée, seul témoin appelé par la défense, mentionne avoir commencé à fréquenter la victime en juin 1978 et qu'il était question de fiançailles pour le mois de décembre. Ils avaient néanmoins décidé de s'accorder une période de réflexion avant de s'unir. L'accusée affirmera que son ami la fuyait pour des raisons obscures et qu'elle avait décidé d'obtenir des explications. Lors de leur rencontre, l'homme affiche une humeur massacrante et lui aurait demandé de lui acheter une arme de calibre .22 pour aller à la chasse. Annette Proulx cherche plutôt à emprunter une telle arme car elle a peur qu'il ne la lui rembourse pas. L'ayant finalement achetée, elle se fait expliquer son fonctionnement par le vendeur et acquiert des munitions. Elle se rend ensuite chez Alfred Rouleau qui lui demande si elle a l'arme. Annette Proulx prétend ensuite que son amant a voulu la tuer et que, par un réflexe d'auto défense, elle l'a abattu d'une décharge d'arme à feu. Cette défense est rejetée par le jury et la dame condamnée.

Michel Thomée

Michel Thomée est un homme de 73 ans, accusé du meurtre de Francis Lambot, commis le 25 mai 2004 à Beauraing, il a alors 69 ans. Ce dernier s'est rendu chez l'accusé afin de vérifier s'il ne frappait pas à nouveau son épouse, Cécile Remy. Lorsque les policiers arrivent sur place l'agresseur se trouve à l'étage assis sur son lit, un pistolet de calibre 22 L posé sur la table de nuit alors que la victime gît sur le sol du salon. Lambot a été atteint par quatre balles, une sur la partie supérieure droite de la tête, une autre au thorax, une troisième au maxillaire gauche et une dernière près de l'oreille gauche avec pénétration intracrânienne. Cécile Remy s'était confiée à Francis Lambot concernant les violences qu'elle subissait de la part de son époux. Comme Lambot a fait des études d'éducateur social, il tentait de s'impliquer pour améliorer la situation. Le 18 mai, il raccompagne cette dernière chez elle et met en garde Thomée s'il levait à nouveau la main sur sa femme. Une semaine plus tard, Lambot effectue une deuxième visite à ce sujet et Thomée, un habitué des stands de tir de la région, saisit son arme en descendant l'escalier et tire, par réflexe dira-t-il, en voyant l'homme se diriger vers lui. Cependant, les constatations médico-légales réfutent sa version des faits, il n'a pu tirer sur sa victime qu'alors que celle-ci lui tourne le dos. Le meurtrier est soumis à une analyse psychiatrique et on le dit avec un QI d'un niveau supérieur, mais impulsif et avec une étroite capacité à entretenir des relations proches. Son procès se déroule à la cour d'assises de Namur et le 6 mars 2008, à l'âge de 73 ans, Michel Thomée est condamné à 12 années de réclusion.

Antoine Lhéritier

Le vendredi soir 2 décembre 2016, Antoine Lhéritier, un homme de 63 ans, de Pibrac dans la banlieue ouest de Toulouse, tue sa femme Sylvie d'un coup d'arme de chasse en pleine tête. Elle est âgée de 58 ans, mère de quatre enfants et grand-mère de dix petits-enfants. L'homme se rendra lui-même à la gendarmerie pour avouer son crime. Des disputes sur l'utilisation de la seule voiture du couple et le fait que l'homme a sombré dans un alcoolisme profond sont des causes du drame. Il consommait 5 litres de bière par jour à cette période. Au moment des faits, il a presque 2g d'alcool par litre de sang. L'homme a tout simplement tiré après un mot de trop de la part de sa compagne. En larmes, il dira que la colère lui est montée à la tête et qu'il ne voulait pas la tuer. Après un premier divorce et une retraite qui l'a isolé, l'homme a sombré dans des problématiques psychologiques. Ancien boulanger et employé des pompes funèbres ainsi qu'ancien chasseur, il tirait en l'air pour faire fuir les indésirables de son jardin, mais était sans antécédent judiciaire et n'avait jamais levé la main sur personne. En octobre 2018, il écope de 15 années de prison alors qu'il encourait une peine à perpétuité.

Drame conjugal à Valette

À la fin mars 2017, un retraité de 66 ans, à Valette près de Thénezay, tue son épouse âgée de 64 ans avec une arme de chasse et se suicide par la suite. L'homme n'a pas supporté la récente séparation d'avec sa femme. Vers 17h, il s'est donc rendu au domicile d'une amie où celle-ci avait trouvé refuge depuis une quinzaine de jours, a tué sa femme puis s'est donné la mort. Le couple avait des difficultés depuis quelque temps et la femme cherchait un appartement pour pouvoir quitter définitivement son époux. La mort l'aura rattrapée avant.

Joseph Orsoni

Le 30 janvier 2019, à Bastia, Joseph Orsoni, un sexagénaire corse, tue une personne et en blesse cinq autres pour un problème de voisinage. Ce mercredi-là, autour de 16h, Joseph Orsoni a une dispute avec un voisin suite à un conflit qui s'éternise depuis cinq ou six ans en raison d'un chien qui aurait mordu la compagne de ce même voisin. Il blesse ce dernier, âgé de 22 ans, avec un cutter à l'extérieur de l'immeuble et le touche au ventre et au bras. Il s'en prend ensuite à la compagne de 20 ans de celui-ci et la blesse au bras. Joseph Orsoni va ensuite chercher deux fusils de chasse à canon juxtaposés et tire sur plusieurs personnes dont quatre policiers. L'un est transporté à l'hôpital, deux voisines ont été blessées ainsi que le gardien de l'immeuble âgé de 55 ans. Vers 19h30, retranché dans l'immeuble, cerné par les policiers, Joseph Orsoni se tire une balle dans la tête. Né en 1953, il avait été condamné à Ajaccio en 2001 et à Bastia en 2012 pour violences volontaires avec armes et menaces de mort. L'homme avait donc un passé de violence.

Oleg Sokolov

Oleg Sokolov est un professeur d'histoire russe âgé de 62 ans qui a tué et démembré sa compagne de 24 ans, Anastassia Echtchenko. Professeur à l'université de St-Petersbourg, Sokolov, un spécialiste de Napoléon, est interpellé le 10 novembre 2019. L'homme est ivre et les policiers le tirent de la rivière Moïka avec dans son sac à dos les deux bras de la victime ainsi qu'un pistolet d'alarme. D'autres restes de la jeune femme sont retirés de la rivière quelques jours plus tard. À 63 ans, Sokolov comparait devant le tribunal russe où il est démontré qu'il a tiré quatre fois sur sa conjointe avant de la démembrer avec un couteau et une scie pour ensuite dissimuler ses restes dans des sacs et les jeter dans la rivière Moïka. L'homme a avoué l'avoir tuée après une dispute concernant ses enfants d'une première union que la jeune femme avait insultés. Il est condamné à 12 années et demie de détention.

Drame en Seine-et-Marne

Le 13 septembre 2020, un homme de 65 ans envoie des messages à sa fille dans la vingtaine disant qu'il va se suicider. Celle-ci appelle aussitôt les secours qui se rendent au domicile de l'individu à St-Pierre-les-Nemours en Seine-et-Marne. Ils trouvent la maison fermée à clé et passent alors par la fenêtre pour découvrir deux corps dans une chambre à l'étage, soit celui de l'individu concerné et le corps de sa femme âgée de 66 ans. Tous deux sont décédés d'une balle à la tête et l'homme tient encore une arme de poing à la main. Le couple connaissait des difficultés depuis longtemps et la femme désirait quitter son époux.

Jean-Guy Godbout

Le jeudi 5 mai 2022, à Carleton-sur-Mer en Gaspésie, au Canada, un homme de 65 ans, Jean-Guy Godbout, poignarde sa conjointe Monique Landry, 58 ans. Une voisine entend des cris vers 21h, une demi-heure plus tard les policiers découvrent les deux victimes dans une maison du Chemin St-Louis. Tous deux sont inconscients et leurs décès seront constatés quelques heures plus tard à l'hôpital. Tout apparaît comme un meurtre suivi d'un suicide, le couple était ensemble depuis 43 ans, mais dernièrement leur relation s'était détériorée et l'homme disait ne pas savoir où aller demeurer et devoir consulter un avocat. Il aurait poignardé sa conjointe avant de s'enlever la vie.

Terry Oligny

Le 12 novembre 2022, une femme de 69 ans, Mme Donna Callahan, est retrouvée gravement blessée chez elle, à Saint-Jean-sur-Richelieu au Québec, et décède suite à son transfert à l'hôpital. Un proche avait contacté les autorités disant être inquiet car elle ne s'était pas présentée à un rendez-vous. Son conjoint de 64 ans, Terry Oligny, est aussitôt appréhendé et accusé de meurtre au second degré. L'homme n'a aucun antécédent judiciaire et la victime était bien connue du milieu anglophone de la municipalité et décrite comme souriante et gentille. En fait, Mme Callahan a travaillé pendant 20 ans au service de garde de l'école Saint-John's à Saint-Jean-sur-Richelieu où on l'appelait Miss Donna. Elle était retraitée depuis l'année précédant le drame, mais faisait parfois des remplacements au besoin. Certains voisins disent qu'ils la voyaient à l'extérieur seulement lorsqu'elle promenait son chien. Le fait que la dame soit une anglophone dans un milieu francophone peut expliquer en partie sa discrétion. Selon les informations disponibles, les policiers étaient déjà intervenus à cette adresse pour de la violence conjugale. Le couple était néanmoins discret mais, il y a trois ans, la dame avait été escortée par les policiers pour lui permettre de sortir de sa résidence.

Joseph McKinnon

Joseph McKinnon, 60 ans, est retrouvé décédé d'une crise cardiaque le 7 mai 2022 au matin dans son jardin en Caroline du sud. Le décès de l'homme est naturel, mais en poursuivant l'enquête, les policiers découvrent le corps de son amie de cœur Patricia Dent, 65 ans, qui, pour sa part, est morte étranglée. Elle se trouvait dans une tombe qui venait tout juste d'être creusée par McKinnon. Ce dernier l'aurait attaquée à l'intérieur de la maison, pour ensuite la ligoter, l'envelopper de sacs poubelle et la placer dans la tombe creusée auparavant. C'est en recouvrant la tombe de terre que le meurtrier est lui-même décédé d'une crise cardiaque.

Une explosion

Vendredi 18 novembre 2022, une maison explose à Louviers, dans l'Eure. Les pompiers arrivent sur les lieux vers 18h55. Deux corps sont retrouvés dans le pavillon, soit celui d'un homme de 67 ans et celui de son épouse âgée de 60 ans. L'enquête déterminera qu'il s'agit d'un féminicide suivi d'un suicide, la femme n'étant pas décédée des suites de l'incendie, mais étranglée par un cordon autour du cou de type antenne de TV. L'homme cependant est décédé par asphyxie suite à l'inhalation de fumées. L'enquête démontre qu'il a étranglé à mort sa femme pour ensuite déclencher un incendie afin de mettre fin à ses jours. L'après-midi même, il avait envoyé un SMS à un cousin lui faisant ses adieux et disant qu'il voulait être enterré dans son village natal. Le couple était en instance de séparation et avait quatre enfants. Leur entourage a rapporté l'obsession de l'homme pour l'argent et qu'il vivait très mal la procédure de divorce, notamment, considérant les conséquences financières suite à l'attribution de la maison à l'un ou l'autre des membres du couple.

C. Troubles mentaux

Georgette Paradis

À Lasalle au Québec, le 3 juillet 1979, Georgette Paradis, âgée dans la soixantaine, défonce le crâne de son petit-fils Stéphane Paradis, 12 ans, à coups de marteau, dans un accès de démence. Après son crime, elle tente de mettre fin à ses jours en absorbant une dose mortelle de Valium. Elle a pu être sauvée par l'intervention de son époux. Le drame est survenu au domicile des grands-parents où Stéphane et son frère Jean-Marc devaient passer quelques jours après les classes. Jean-Marc, étant atteint de diabète, y avait effectué un séjour puis son frère l'avait remplacé la veille du drame. La femme est accusée de meurtre au premier degré et son avocat a demandé un examen psychiatrique. Les policiers ont retrouvé une lettre de l'accusée disant que son petit Jean-Marc allait enfin être heureux et ne souffrirait plus, mais elle a plutôt tué Stéphane, qui était en parfaite santé. Au procès, elle s'est jetée dans les bras de son fils pour lui demander de lui pardonner d'avoir tué son enfant ce qu'il lui a accordé. Je n'ai pas découvert la suite du procès de Georgette Paradis, sans doute a-t-on déterminé que des troubles mentaux étaient en cause et qu'un internement a suivi.

Thomas Bernard Brigham

En 1984 Thomas Bernard Brigham, âgé de 65 ans, se trouve à la gare centrale de Montréal au Québec. Natif de Rochester, New York, il a été pilote pour les forces américaines pendant la deuxième guerre mondiale. L'homme aurait été fait prisonnier en Allemagne en 1944 et, selon l'un de ses onze enfants, c'est alors que ses troubles mentaux auraient débuté. Il a effectué quatre séjours dans des hôpitaux psychiatriques après avoir affirmé, entre autres, être Jésus. Brigham s'est d'abord trouvé à Boston puis a erré pour ensuite se rendre à Montréal en avril 1984. Le vétéran demeure alors dans une maison de chambres et se croit sous surveillance, il pensait sans doute fuir les services secrets américains. Prophétisant la fin du monde, il avait été mis en garde à vue par les autorités policières de Montréal. Mais celles-ci, le croyant sans danger, avaient cessé sa surveillance. Au début de septembre 1984, une lettre étrange parvient aux dirigeants de la compagnie de train Via Rail annonçant la fin du règne du Vatican ainsi que de la papauté. Il est mentionné que le 3 septembre 1984, à 9h30, ils auront du sang sur les mains. La visite de Jean-Paul II est prévue deux semaines plus tard, on est donc prudent, mais les responsables ne donnent pas suite au message qui est tout de même assez décousu. Au matin de cette date cependant, vers 10h 22, un bruit fracassant retentit à la gare centrale qui est alors pleine de voyageurs. C'est un carnage. Il y a de nombreux blessés, des débris partout et au moins trois morts. La bombe, car c'est bien ce dont il s'agit, était cachée dans le casier 132 et devait contenir selon les estimations des experts dix kilos de dynamite. Il y aura 47 blessés en tout. Le déséquilibré avait déjà annoncé plusieurs alertes à la bombe qui n'avaient pas été prises au sérieux. Une journaliste, Kathryn Léger, est rapidement à la recherche de témoignages près de la gare lorsqu'elle entend les propos de Thomas Brigham qui lui parle d'apocalypse et mentionne l'heure de l'explosion. L'homme est louche et elle informe aussitôt les autorités de cette rencontre et le reconnaît le soir même lors d'une séance d'identification. On a supposé l'intervention d'un deuxième individu sans jamais le trouver ou démontrer réellement sa présence. Brigham est condamné à l'emprisonnement à perpétuité sans possibilité de libération avant 25 ans, à l'Institut psychiatrique Philippe Pinel. Il décède en 1993 d'une crise cardiaque à l'âge de 73 ans alors qu'il entamait son troisième appel pour être libéré.

Monique Bertaud

En juin 1997 est jugée Monique Bertaud à la cour d'assises du Doubs pour le meurtre de sa petite-fille. Elle est âgée de 65 ans. La partie civile est constituée de sa fille Laurence, 41 ans, et de sa petite-fille Julie, 16 ans. Voilà 5 ans qu'elle a tué sa petite-fille Sarah âgée de neuf ans. Au procès, l'accusée dit savoir que c'est elle qui a tué, mais a de la difficulté à le concevoir. Malheureusement, par un matin d'octobre 1992, elle est allée chercher Sarah à l'école, l'a fait monter dans sa voiture qu'elle avait remplie de provisions et de jouets pour la petite. La femme avait également une mallette bourrée de médicaments en sa possession ainsi que des seringues et un revolver 22 long rifle lui venant de son père ainsi que 50 cartouches. Brillante neurologue, Monique Bertaud emmène alors Sarah dans un champ où elle a l'habitude de se promener avec ses petits-enfants. Elle lui fait ensuite avaler deux comprimés et, lorsque l'enfant est endormie, lui tire une balle dans la nuque et deux autres dans le crâne. La femme avale ensuite à son tour une forte dose de médicament et veut se tirer une balle dans la bouche, mais se souvient de ses patients qui se sont ratés et s'endort plutôt près du corps de la fillette. Elle sera retrouvée, cinq jours plus tard, hagarde, près de chez elle à Besançon dans son véhicule. Les policiers lui demandent ses papiers, qu'elle dit chercher à ce moment. Lorsqu'on lui demande qui se trouve derrière sa voiture elle dit qu'il s'agit d'une poupée, mais c'est le corps de Sarah. La femme expliquera être triste, que la vie n'allait plus et que Laurence et les petites s'éloignaient d'elle. On la trouvera coupable de meurtre non prémédité et Bertaud est condamnée à douze années de prison. Elle n'a jamais semblé éprouver réellement de remords ni de détresse devant la situation. Pourtant, les experts ont déclaré ne pouvoir comprendre son geste s'il n'y avait pas le désespoir invoqué comme défense puisque Monique ne présentait aucune altération mentale. La petite Sarah aurait présenté des troubles et des retards ce qui l'inquiétait et son avocat a parlé de la souffrance devant l'état de la fillette et, qu'en tant que neurologue, elle pouvait évaluer. La femme a donc décidé de passer à l'acte, selon elle pour le bien de sa petite-fille.

Richard et Bernard L.

En janvier 2012, deux frères jumeaux, des universitaires de 60 ans, Richard et Bernard L., tentent de tuer leur frère aîné âgé de 65 ans à Paris. Les deux hommes sont des enseignants-chercheurs à l'Institut de mathématiques de l'Université Jussieu. Le 18 janvier au matin, il est environ 6h lorsqu'ils se rendent chez leur frère Jacques, médecin à Paris, et grimpent au septième étage. En colère, ils veulent s'en prendre à celui-ci, car ce dernier a décidé de faire soigner l'un d'eux pour troubles psychiatriques. Comme personne n'ouvre la porte, ils tirent à plusieurs reprises sur celle-ci. Les policiers sont contactés par les habitants de l'immeuble, mais les deux hommes sortent ensuite précipitamment et s'enfuient en voiture chez leur mère de 96 ans à Pantin. Un périmètre de sécurité est bientôt installé et leur mère sort peu après 11h. 45 minutes. Plus tard, Richard se rend pendant que son frère Bernard tire vers les gendarmes sans les atteindre. Après avoir reçu une balle dans la main, il se tire une balle en pleine tête.

Stewart Greene

En décembre 2014, Stewart Greene, 65 ans, de Grimoldby, au Lincolnshire, tue son petit-fils âgé de neuf ans. La victime est un jeune garçon autiste nommé Alex Robinson. Au moment des faits, deux jours avant Noël, Alex joue au X box et son grand-père est bien au fait qu'il n'aime pas avoir d'eau sur son visage. La mère du jeune garçon, Joanne, quitte les lieux pour aller acheter un dîner à Tesco. Greene verrouille alors les portes, fait couler un bain, saisit son petit-fils pour ensuite le noyer. Puis il se roule une cigarette et attend calmement le retour de la famille à la maison. L'homme a un passé de dépression et avait été admis dans une unité de santé mentale une année plus tôt. Un mois avant la mort d'Alex, Joanne avait plaidé pour qu'il y demeure, sans succès. Elle savait que son père n'aimait pas vivre de manière indépendante à l'extérieur du centre de résidence et qu'il avait attaqué des gens auparavant. Il avait entre autres essayé d'étrangler un médecin. Au retour de sa fille, il lui dit simplement avoir noyé Alex dans le bain. Jugé à la Lincoln Crown Court, le grand-père meurtrier plaide d'abord non coupable, mais change ensuite sa version. L'homme, décrit comme narcissique et manipulateur, est condamné à 22 années de détention.

Mohieddine D.

En juin 2017, à Neuilly-sur-Seine, le cadavre du fils de 14 ans d'un homme de 65 ans, Mohieddine D., est découvert. L'adolescent est décédé depuis un an et demi et son corps est enroulé dans un tapis. L'homme endetté vit dans son deux-pièces avec le cadavre de son fils depuis tout ce temps. Bien que mort à la fin de l'année 2015, l'odeur du cadavre n'a pas alerté les voisins. Les amis de l'adolescent ainsi que son collège se sont inquiétés de son absence à la rentrée de janvier 2016, mais son père leur a raconté qu'il poursuivait ses études en Algérie et, à d'autres moments, qu'il se trouvait en vacances dans sa famille. L'histoire était plausible, car le jeune homme avait plusieurs attaches dans ce pays et s'y rendait régulièrement repoussant parfois son retour de vacances. L'assassin dira ne pas se souvenir de ce qui s'est produit avant d'avoir constaté la mort de son enfant. Le corps est resté dans le couloir menant à la chambre de l'adolescent puis le père l'y a transporté et a tout simplement fermé la porte. Le cadavre s'est décomposé au fil des mois enroulé dans un tapis. Ne payant plus son loyer depuis deux ans, son propriétaire a réussi à le faire expulser. Ce 6 juin 2017, à l'entrée de l'huissier, d'un policier et d'un serrurier il a saisi un couteau pour s'éventrer. L'ayant maîtrisé, les témoins ont ensuite fait la macabre découverte. L'homme raconte d'abord que son fils est tombé sur un couteau après une dispute, ayant menacé de se « planter » s'ils partaient pour les vacances de Noël dans leur famille en Algérie. Mais l'autopsie démentira ce témoignage. L'adolescent aurait été poignardé au dos et au-devant du corps. Interrogé à l'hôpital, après les blessures qu'il s'est infligé à l'abdomen, le meurtrier admet s'être disputé avec son fils de 14 ans et demi, car il ne voulait pas qu'il se rende à la fête de la St-Sylvestre avec ses amis. Mohieddine D. est un Algérien, au vague passé diplomatique, un intellectuel qui aurait eu des fonctions importantes autrefois. Mais c'est aussi un homme très secret dont l'épouse est décédée en septembre 2014. Quelques mois plus tard, il cessait de payer son loyer où il résidait depuis environ trois ans. Au procès, il a alors 69 ans, il écope de 25 années de réclusion. Jusqu'à la fin du procès, il a de nouveau soutenu que la mort de son fils était accidentelle malgré ses aveux.

D. Se débarrasser de quelqu'un

Marie-Élisabeth Cons-Boutboul

En mars 1994, Marie-Élisabeth Cons, 70 ans, arrive dans le box des accusés de la cour d'assises de Paris. Elle est en détention provisoire depuis quatre ans et demi pour avoir fait exécuter son gendre. Le 27 décembre 1985, trois coups feu claquent vers 2h20 et Jacques Perrot s'écroule, il a 39 ans. Enfant privilégié, il était devenu un avocat brillant avec comme hobby les chevaux de course. C'est là qu'il rencontre Darie Boutboul en 1981. Jolie fille de 25 ans, c'est l'une des seules femmes jockeys en action. Entre eux une relation se noue et ils se marient en 1982, puis c'est la naissance d'Adrien. Mais Jacques est bientôt infidèle pendant que son épouse devient de plus en plus jalouse. Ils se disputent et se réconcilient sans cesse. Trois semaines avant sa mort, Jacques quitte Darie pour emménager dans l'appartement de ses parents situé sous le cabinet qu'il partage avec des confrères. Il raconte que sa belle-mère Marie-Élisabeth Cons n'est pas l'avocate internationale qu'elle prétend être puisqu'elle a été radiée du barreau en 1981 pour escroquerie. Il retrouve même son beau-père qu'elle prétendait décédé. Pendant ce temps, la garde du petit garçon est confiée à Darie, mais Jacques obtient un droit de visite libre et l'interdiction de sortie du territoire de son fils. Tous sont à table quand la gardienne d'enfants appelle pour informer Darie que Jacques a été tué. Elle n'y croit pas, mais sa mère ne semble pas étonnée. Celle-ci soutiendra que son manque de réaction est dû à l'alcool et à un médicament qu'elle consomme. Suite au décès de l'avocat, on soupçonne sa femme, mais bientôt sa belle-mère devient encore plus suspecte. Elle avait appris que Jacques cherchait l'origine de sa fortune, ce qui l'inquiétait et elle le haïssait de plus en plus. Elle devait dîner avec lui ce soir-là pour trouver un terrain d'entente, mais s'est décommandée à la dernière minute prétendant que son frère venait d'avoir un infarctus. En fait, elle allait dîner chez un ami avec Darie.

Le 5 mai 1988, on repêche dans le port du Havre le cadavre de Bruno Dassac, représentant de commerce en lingerie. Il a été assassiné d'une balle. Marie-Élisabeth Cons a des liens avec lui concernant diverses transactions financières plus ou moins suspectes. Quelques mois avant la mort de Jacques, elle avait demandé à son chauffeur de taxi habituel de trouver quelqu'un pour coller une bonne raclée à son gendre et tant pis s'il ne s'en relevait pas. Dassac, pour sa part, avait confié à un ami policier avoir fait une énorme connerie dans l'affaire Boutboul, on croit maintenant qu'il aurait pu être le tueur à gages. En octobre 1989, Marie-Élisabeth est arrêtée pour complicité dans les deux assassinats. L'affaire Dassac mène à un non-lieu, mais le 24 mars 1994 Marie-Elisabeth Cons-Boutboul est déclarée coupable d'avoir commandité le meurtre de Jacques Perrot et condamnée à 15 années de prison. Elle restera dix ans détenue à Fleury-Mérogis et vit aujourd'hui dans la banlieue parisienne auprès de sa famille.

Ruth Neslund

L'histoire se déroule sur Lopez Island, l'une des îles de l'archipel de San Juan. Rolf Neslund pour sa part est un capitaine retraité âgé de 80 ans qui a provoqué le plus grave accident naval survenu dans le détroit de Puget Sound. Il vit depuis 18 ans avec sa femme Ruth, de vingt ans sa cadette. Le couple, dont les deux membres sont alcooliques, se dispute si fréquemment et violemment que les insulaires les appellent le *couple infernal*. Mais le capitaine Neslund disparaît un jour mystérieusement. Peu après le 8 août 1980, Ruth confie à des amis que son mari est parti en visite chez sa famille en Norvège, qu'elle ignore quand il reviendra et que ce serait même mieux s'il ne revenait pas. Cinq semaines plus tard, la voiture de Rolf est retrouvée sur le stationnement de la gare maritime d'Anacortes, on se dit alors qu'il a dû prendre le car pour rejoindre l'aéroport de Seattle-Tacoma. Ruth tente ensuite de vendre la voiture. Plusieurs mois plus tard, le vieux loup de mer doit être rencontré au sujet de l'accident maritime qu'il a causé, mais Ruth leur affirme qu'il se trouve en Norvège, qu'elle ne sait comment le joindre et qu'il est possible qu'il ne revienne jamais. Des parents du disparu, qui résident dans l'État de Washington, s'inquiètent pourtant de son absence, car en Norvège personne ne l'a vu et aucun passager à son nom n'a été remarqué s'embarquant pour l'Europe. Ruth soutient qu'il a peut-être utilisé un faux nom ou est allé dans un autre pays ou encore qu'il soit capable de s'être suicidé. Sa famille et ses voisins ne sont pas d'accord cependant avec ces affirmations. C'est pourquoi le shérif de Lopez Island est informé de la situation et débute une enquête. C'est ensuite au procureur du Comté de San Juan de recevoir les membres de la famille du capitaine.

L'investigation découvre que Ruth a fait brûler dans sa cour un tapis et un canapé en parfait état. Elle avait également, à la même époque, acquis un hachoir à viande de type commercial disant vouloir abattre du bétail et transformer la viande en hamburger. Les policiers obtiennent un mandat de perquisition et remarquent, sur le sol de béton de la salle de bain, des taches qui ressemblent à du sang ainsi que d'autres taches sur le mur et le plafond de la salle de séjour. Les recherches se poursuivront pendant 13 jours. Pas la moindre trace d'ossements n'est recueillie, mais les taches se révèlent être bien du sang humain du groupe A comme celui de Rolf et... de Ruth. Les appels téléphoniques de celle-ci, la nuit du meurtre supposé, font remonter les enquêteurs jusqu'à une cousine de Neslund à qui la femme a avoué l'avoir tué. Elle l'avait cependant rappelée quelques jours plus tard pour dire qu'il était parti en Norvège. La femme pensait que Ruth irait à la police elle-même et n'avait pas parlé. Un membre de la famille se trouvait avec Ruth à ce moment, mais avait, depuis, été admis dans un hospice. Retrouvé, le vieil homme concerné décrivit ce qui s'était produit cette journée-là. Rolf, furieux que Ruth ait retiré l'argent du compte conjoint pour le verser sur son compte personnel l'avait menacée de divorcer et que le tribunal l'obligerait à le rembourser. Elle s'était ensuite rendue dans sa chambre et en était revenue avec un pistolet automatique pour tuer Rolf de deux balles à la tête alors qu'il était assis sur le canapé. Le vieil homme avait aidé à soulever le corps pour le mettre sur un drap et le déposer dans la baignoire. Ils l'ont ensuite découpé en morceaux et brûlé dans un tonneau pendant plusieurs jours. Les restes servirent ensuite d'engrais pour les fleurs. Le procès de Ruth Neslund commence deux ans après la disparition de son époux, elle plaide alors non coupable. Peine perdue, en 1986 la meurtrière est condamnée à la détention à perpétuité, avec vingt années au minimum à purger.

E. Légitime défense

Stephan Turk

En 2013 à Nice, le bijoutier Stephan Turk, 67 ans, tue l'un des deux cambrioleurs qui s'attaquent à son commerce. En ce 11 septembre au matin, il est frappé à coups de pieds et de poings par les deux hommes pour l'obliger à ouvrir son coffre-fort et leur donner son contenu. Sur le seuil de son commerce, il fait feu à trois reprises atteignant dans le dos Antony Asli, 19 ans, sur le scooter dans lequel il s'enfuit avec son complice. Malgré l'agression, Turk est cité à procès pour meurtre. Le bijoutier est soutenu par bon nombre de gens sur Facebook, soit 1,6 million de personnes, alors que le procureur affirme que son geste n'entre pas dans le cadre d'une légitime défense. Le complice de la victime, Ramzi Khachroub, qui a toujours nié avoir participé aux faits, est pour sa part condamné à 15 années de détention le 28 avril 2016. À la fin de mai 2018, Stephan Turk, alors âgé de 72 ans, est condamné à cinq années de prison avec sursis pour violence volontaire avec une arme ayant entraîné la mort sans intention de la donner. Le fait qu'il ait tiré dans le dos de la victime a sans doute éliminé le fait qu'il ait tiré pour se défendre, le jeune homme étant alors en fuite. Néanmoins, son état d'esprit paniqué suite à l'agression a sans doute amené une sentence peu sévère pour le geste commis.

Mort d'un cambrioleur

Le 18 décembre 2021, un homme de 37 ans s'introduit par effraction dans une demeure à Mesnil-Roc'h en Ile-et-Vilaine où déjà deux cambriolages se sont produits. Il est 5h30 du matin et le propriétaire des lieux, âgé de 62 ans, s'empare d'une arme et tire sur le cambrioleur qui meurt d'une balle en plein cœur. L'impact est tel que ce dernier est projcté dans une vitre du domicile pour atterrir à l'extérieur. La victime était connue des policiers pour divers actes de délinquance, le tireur quant à lui est mis en garde à vue. Une femme et un adolescent sont également présents sur les lieux au moment du drame. La thèse du cambriolage est devenue moins évidente cependant, car l'auteure du tir mortel est une femme, qui a changé de sexe à l'état civil avant les événements. C'est pourquoi il a été d'abord présenté comme un homme. Mais surtout, elle connaissait la victime et il pourrait être question de trafic de stupéfiants. De plus elle est connue de la justice en raison de multiples condamnations pour vols et vols avec usage ou sous la menace d'une arme. Affaire compliquée qui aura sans doute d'autres rebondissements.

F. Compassion

Un fils de 62 ans

En juin 2017, un homme de 62 ans étrangle sa mère, octogénaire, à Talence, en Gironde. C'est son auxiliaire de vie, venant la visiter chaque jour, qui a trouvé porte close et prévenu une amie de la dame. Le lendemain, celle-ci regarde par la fenêtre et voit le corps de la vieille femme allongé sur le lit. Les pompiers n'ont pu que constater le décès de la femme pendant que son fils de 62 ans est en fuite. Retrouvé, l'homme avoue le meurtre de sa mère. À l'heure actuelle il est difficile de dire s'il s'agit d'un meurtre par compassion ou si le but était d'hériter des biens de la vieille dame.

G. Désespoir

Danièle Careddu

Danièle Careddu est une femme âgée de 66 ans qui comparait pour avoir, dans la nuit du 2 au 3 juin 2018, tué sa belle-mère de 47 coups de couteau et avoir tenté de tuer son époux. Le drame se déroule à Allauch près de Marseille. L'agresseure a bu la moitié d'une bouteille de whisky pour se donner du courage puis s'est attaquée à sa belle-mère âgée de 85 ans, Paulette Dufossé. Elle a ensuite blessé son mari, Marc, de plusieurs coups de couteau. Danièle Careddu affirme ne se rappeler de rien, sauf être occupée à éplucher des courgettes et avoir vu son époux dans le reflet d'une porte puis s'être emparée d'un couteau. Ses proches l'ont dit épuisée à force de s'occuper de son conjoint atteint du syndrome de Korsakoff, une démence liée à l'alcoolisme, et d'une belle-mère impotente à qui elle avait promis de ne jamais la placer en institution. L'accusation soutint, par contre, qu'elle voulait garder la main mise sur l'argent de sa belle-mère dont elle gérait les biens. Le fils du couple âgé de 37 ans nie cependant ce fait soutenant que sa grand-mère était d'accord pour cette gérance. Danièle Careddu sera condamnée à 15 années de réclusion.

Roland Anstotz

Le vendredi 18 mars 2022, une femme de 75 ans, Monique, est découverte à Arriance en Moselle, décédée dans son lit. Son époux, Roland Anstotz, 64 ans, est quant à lui retrouvé pendu dans une autre pièce de la maison. C'est l'un des enfants du couple qui a fait la macabre découverte puis donné l'alerte. Tout laisse croire à un meurtre suivi d'un suicide. Selon une connaissance, ils étaient très unis, la femme étant très impliquée dans la vie sociale et le couple envisageait encore plusieurs projets. Le drame était imprévisible et demeure incompréhensible si ce n'est pour abréger une certaine souffrance. Ils étaient tous deux retraités du secteur médical.

Drame à Savigné

Le 15 novembre 2022, les corps d'un couple sont retrouvés à leur domicile de Savigné, au sud de Poitiers dans la Vienne. C'est l'un de leurs fils qui en a fait la découverte alors qu'il se rendait visiter ses parents. Il contacte aussitôt les gendarmes qui ne peuvent que constater les deux décès. L'homme de 67 ans aurait abattu sa femme de 65 ans avec un fusil de chasse avant de retourner l'arme contre lui. L'homme n'était pas connu des autorités policières sinon pour une arrestation pour conduite en état d'ébriété en 2013.

Pour le psychanalyste Freud, c'est la frustration qui est le motivateur de l'agression. Bien que diverses études effectuées confirment un tel lien, le degré de réponse agressive varie dépendamment du sujet ou encore des réponses d'évitement ou compensatoires que la personne aura réussi à développer au fil du temps. Une personne frustrée pourra répondre à un événement agressant par la colère, la discussion, l'évitement, l'ignorance, la violence, etc. Pour sa part, Pinatel (1963) pensait à un noyau central de la personnalité criminelle précisant ainsi que certains individus possédaient des traits de personnalité menant plus facilement au passage à l'acte. Chez les meurtriers adultes, il a été noté une indifférence affective, de l'agressivité, de l'intolérance à la frustration, une faible maîtrise de soi et une absence de culpabilité (Proulx, Cusson, Ouimet, 1999) mais rien jusqu'à présent ne semble avoir permis de déterminer l'origine de ces traits de personnalité. Il est toujours discuté quant à savoir si un certain sens moral est inculqué par l'éducation ou s'il est présent à la naissance chez l'individu.

L'hypothèse sociologique de la criminalité implique, pour sa part, que la société, par ses travers et ses difficultés, peut mener au crime. De tout temps, les valeurs des sociétés humaines ont été mises en cause pour expliquer le comportement de ses membres. Une société étant composée d'un nombre important de diverses personnes présentant divers âges et diverses éducations, il est parfois difficile de cerner les valeurs essentielles qu'elle présente. Il semble cependant, selon des études, qu'une société qui se préoccupe peu de ses démunis et qui accepte trop facilement les mœurs légères puissent produire plus de comportements criminels chez ses membres. Diaz, Fontanaud et Desfarges dans leur ouvrage *Le livre du crime* (1994) mentionnent que : « Les milieux qui vivent aux frontières de la misère matérielle ou morale sont les plus exposés à produire et subir le crime. Ils sont moins sensibles à tous ces freins contre le crime que constitue la peur de perdre une situation, de subir une sanction ou bien encore de supporter la réprobation d'un entourage. L'acte meurtrier lui-même est relativisé à leurs yeux. » Qu'il soit question d'exclusion sociale ou de conséquences perçues, les personnes en provenance d'un milieu défavorisé n'ont parfois rien à perdre tellement ils se sentent démunis, parfois plus profondément qu'ils ne le sont réellement. De même, les personnes épuisées qui agissent par compassion ou désespoir ne voient aucune autre solution.

Dans certains crimes cités précédemment, l'âge ne semble pas être un facteur en cause. Ainsi l'appât du gain demeure souvent l'une des principales causes d'actes criminels, quel que soit l'âge des individus impliqués. Les auteurs de ceux-ci sont le plus souvent des êtres sans scrupules, qui se laissent inspirer par le désir de possession et de vie facile. Seul l'apport de gain matériel possible les motive. Ils sont prêts à tout, croient qu'ils ne seront pas découverts, ce qui est toujours étonnant, car ils seront évidemment les principaux suspects dans la mire des enquêteurs considérant les gains que leur rapporteront le crime commis et leurs liens avec la victime.

Par ailleurs, à un certain âge, nous pourrions croire que la passion ou la jalousie n'existent plus et que la tromperie est absente au sein d'un couple qui parfois est uni depuis de nombreuses années. De toute évidence, ce n'est là qu'un mythe. En effet, la problématique principale de certains cas précédents semble se rapporter directement aux difficultés conjugales rencontrées par les couples concernés. Celles-ci ne sont cependant pas uniques à ces individus, mais, de toute évidence, la situation leur a semblé ingérable. La personne délaissée, qu'il y ait ou non un nouveau conjoint à l'horizon, présente un état de détresse tel que c'est davantage cette sensation qu'une réelle vengeance qui semble le plus souvent la motiver à agir. Il n'est que de considérer que le plus souvent l'individu attente à ses jours par la suite et ne peut donc savourer une éventuelle vengeance. La jalousie, tout comme la séparation du couple, demeure les éléments les plus récurrents dans ce type de passage à l'acte. Ce qui est malheureusement un motif à tout âge.

3

Meurtrier(ère)s de 70 à 79 ans

Dans ce chapitre, nous examinons les meurtriers et meurtrières âgés de 70 à 79 ans. Nous pourrions croire qu'ils seront de moins en moins nombreux, force est constater que ce n'est pas le cas.

A. Rage et violence

Yoshio Kiuchi

Yoshio Kiuchi, âgé de 77 ans, assassine, le 24 juin 2008, une partie de sa famille à coups de marteau. L'homme réside alors avec eux à Kashiwa dans la région de Tokyo au Japon. Dans la demeure familiale, les policiers découvriront les corps des victimes, le crâne défoncé, et l'assassin évanoui, ses vêtements maculés de sang. Son épouse de 75 ans est sa première victime alors qu'elle prépare le déjeuner vers 6h30. Le vieil homme avait des problèmes de santé et il régnait des tensions dans le foyer depuis des mois entre lui et les autres membres de sa famille. Il dira que sa femme devenait de plus en plus déplaisante et qu'il a songé à la tuer plusieurs fois. Finalement, l'ayant fait, il s'est dit qu'il se sentirait mieux en tuant toute sa famille pour ainsi se délivrer du poids qu'ils représentaient pour lui. Il tua donc sa femme puis son fils de 49 ans, l'épouse de celui-ci âgée de 44 ans et sa petite fille de quatre ans. Le 17 décembre 2009, Kiuchi est condamné à la prison à vie. La cour a reconnu qu'il était apte à saisir la portée de ses actes tout en lui accordant un trouble de l'adaptation.

Mbaye Rocky Diop

Mbaye Rocky Diop est âgé de 78 ans lorsqu'il tue son voisin Samba Ndella Ndao, âgé de 75 ans, en mai 2015. Les deux hommes habitent une commune rurale dans le département de Guinguinéo, au Sénégal. À l'aide d'un gourdin, Mbaye bat à mort sa victime qu'il a surprise dans son champ. Après le meurtre l'agresseur prend les affaires de Ndao et retourne au village pour raconter son crime. Il est placé en garde à vue par la gendarmerie. Le corps de la victime est conduit à l'hôpital régional de Kaolack puis acheminé à Touba pour être inhumé le jour même. Une histoire de champ opposait les vieillards depuis plusieurs années. Ils avaient même été départagés par le Conseil rural. Le chef de village avait favorisé Samba et l'avait autorisé à cultiver le champ concerné, ce qui a mis en colère Mbaye. Depuis ce jour, il ne tolérait plus son voisin qu'il menaçait de mort depuis des années avant de passer à l'acte en ce jour fatidique.

Marcel Ruffet

En mai 2017 a lieu le procès de Marcel Ruffet, alors âgé de 73 ans, qui comparait devant la cour d'assises de la Somme. La Tuerie de Roye sera le nom donné à cette histoire au cours de laquelle le forain Marcel Ruffet a fait pas moins de quatre morts, effectué deux tentatives d'assassinat et blessé gravement deux personnes. Au moins 40 balles de calibre 12 ont été tirées. L'homme, alcoolisé, a d'abord tiré sur Malaurie Baumgaertner, 19 ans et sa fillette de huit mois, Lovely. L'agression s'est produite dans une caravane et le tueur ira recharger son arme dans sa propre roulotte à plusieurs reprises. Dawson, trois ans, sera une autre victime alors que son oncle, caché sous le lit, aura un bras arraché par les balles. Dehors les cadavres de Mario Baumgaertner, 46 ans, et du gendarme Laurent Pruvot gisent au sol. Le tout est survenu le 15 août 2015 dans le camp de ces gens du voyage de Roye où le tueur résidait. Selon les témoignages cela se voyait sur son visage qu'il voulait un carnage. Son avocat parle d'un homme à bout, il est question de moqueries à son égard qu'il devait supporter depuis longtemps. Ruffet est condamné à 30 ans de réclusion.

Maurice Biniashvilli

Maurice Biniashvilli est un Israélien âgé de 76 ans qui tue sa femme Malcha d'abord à coups de planche à découper puis de marteau, car elle ne cesse de le déranger et de lui parler pendant l'Open d'Australie. Il regarde alors le match entre Novak Djokovich et Andy Murray dans leur demeure de Tel-Aviv en ce 31 janvier 2016. Le couple était marié depuis 1955. L'homme a raconté, qu'alors que sa femme refusait de se taire, il s'est rendu à la cuisine pour en revenir avec la planche à découper et a commencé à la frapper à la tête, elle a réussi à lui enlever l'objet, mais il est alors retourné à la cuisine chercher un marteau avec lequel il a poursuivi son agression. Des voisins et des passants ont entendu les hurlements de la victime et sont venus au secours de celle-ci, trop tard malheureusement.

Zine Elabidine Hajouji Idrissi

En juin 2016, une femme de 88 ans, Zahra Allalou, est retrouvée dans le sous-sol d'un duplex de la rue de Beaurivage dans l'arrondissement de Mercier-Hochelaga-Maisonneuve, à Montréal au Québec. Lors de l'arrivée des forces de l'ordre, l'octogénaire, sérieusement blessée à l'arme blanche au haut du corps, est toujours vivante. Conduite à l'hôpital, elle y décédera. Un individu de 71 ans est rapidement intercepté alors qu'il tente de quitter les lieux à bord de son véhicule à l'arrivée des policiers. Le suspect, Zine Elabidine Hajouji Idrissi, est le beau-fils de la victime et sera accusé de meurtre prémédité. L'origine du drame tient à un conflit à propos d'une facture, qui a dégénéré entre les deux individus. L'homme est un informaticien retraité ayant toujours eu un comportement rangé. Mais à un moment cette journée-là, il est monté à l'étage pour prier et en est redescendu quelques minutes plus tard pour aller chercher un couteau. Il s'est ensuite dirigé vers le sous-sol pour s'en prendre à sa belle-mère qu'il a poussé sur le lit pour la poignarder à plusieurs reprises à la tête, au corps et aux membres supérieurs. L'accusé lui-même, qui a plaidé coupable à un homicide involontaire, n'arrive pas à comprendre ce qui s'est passé ce jour-là là et est plein de remords. Il écopera de dix années de pénitencier.

Pierre Courtois

Pierre Courtois, 77 ans, tue son ex-conjointe en provoquant volontairement un accident de voiture, soit une collision frontale avec un poids lourd dans Lanaudière au Québec. Sylvie Deshaies, 50 ans, emménage chez Courtois en mai 2017, deux semaines plus tard elle le quitte constatant qu'ils ne sont pas compatibles pour vivre ensemble. Ils se revoient cependant, mais l'un et l'autre s'accusent mutuellement de vol et il est souvent question d'argent entre eux. En juin suivant, ils se réconcilient et vont passer un moment dans un chalet à Chibougamau. Mais une dispute éclate au retour, alors qu'ils se dirigent vers le domicile de l'ancien pompier. À ce moment, Sylvie Deshaies est furieuse qu'il ait fréquenté une autre femme, tous deux se quittent sur cette mésentente. Mais Courtois vient la relancer chez elle en fin de soirée du 4 juillet, elle est alors saoule et une altercation éclate. Bousculée, la mère de deux enfants se retrouve au sol et y demeure inconsciente. Courtois croit l'avoir tué. Il la transporte donc dans la voiture de la dame, la met dans le coffre et part. Il appelle ensuite sa fille pour lui transmettre son testament verbal et affirme vouloir se suicider en fonçant sur un camion sur la route 158. Devant cette menace sa fille appelle aussitôt les services d'urgence. Entre-temps, Courtois a installé Sylvie sur le siège passager et s'aperçoit qu'elle n'est pas décédée, mais provoque néanmoins l'accident planifié. La femme mourra asphyxiée par la fumée du véhicule, en feu suite à l'accident. Sans doute pris de remords, Courtois tente de la sortir du véhicule, mais sans succès. La couronne demandera 12 ans de pénitencier pendant que la défense souhaite trois années de probation. Le 6 mai 2019, Pierre Courtois plaide coupable au palais de justice de Joliette et est condamné à six années de détention puis libéré en février 2020 sous conditions.

Rage meurtrière

En janvier 2017, un septuagénaire réussit à se suicider après avoir abattu deux membres de son stand de tir à Apt dans le Vaucluse. Il tire sur eux dans le parking du stand de tir avant de retourner l'arme contre lui. L'homme n'avait pas supporté d'être soupçonné par les deux victimes, âgées de 71 et 77 ans, d'être responsable de la disparition d'une carabine 22 long rifle au sein du club que fréquentaient les trois hommes. Il semblerait que le tireur ruminait ce projet depuis plusieurs semaines. Peu avant 14h le jour fatidique, il a attendu ses victimes avant de les viser à la tête successivement à plusieurs reprises avec une arme de poing alors qu'elles étaient encore au volant de leur voiture. Il a ensuite pris la fuite pour se rendre devant la brigade de gendarmerie de Cadenet, distant d'une vingtaine de km, où il s'est tiré une balle dans la tête. Grièvement blessé, il a été évacué vers un hôpital de Marseille où il est décédé.

Denys Carpentier

Le 12 juin 2017, Denys Carpentier, 76 ans, a selon toute vraisemblance assassiné son ex-conjointe, âgée de 50 ans, Suzanne Gareau, et le nouvel amoureux de celle-ci, un ami du couple, Rodrigue Tremblay. Trois corps sont alors retrouvés dans un site du Camping naturiste Adam et Eve de la région de Sainte-Brigitte des Sault. L'enquête a mené à conclure à un drame dans le cadre d'un triangle amoureux, Denys Carpentier a tué le couple pour ensuite s'enlever la vie.

Alain Castonguay

Le 5 octobre 2017, une femme est tuée par balle à Salaberry-de-Valleyfield en Montérégie au Québec. Mardi vers 21h30, un appel est logé au 911 et, à l'arrivée des policiers, des coups de feu sont entendus. L'un des agents de la Sûreté du Québec est blessé. Vers 2h, l'escouade tactique entre dans la maison et découvre le corps inerte de Johanne Chayer, 65 ans et d'un homme de 72 ans, Alain Castonguay, grièvement blessé par balle, mais vivant. On croit à un drame conjugal. Le couple venait de se reformer après plusieurs années de séparation quand une dispute a éclaté. Castonguay a ouvert le feu sur les policiers qui sont arrivés après que la victime ait réussi à appeler le 911. L'homme sera accusé de meurtre et reconnu coupable de meurtre au deuxième degré et de trois tentatives de meurtre en lien avec ses tirs lors de l'assaut des policiers. Il est condamné à la prison à perpétuité.

Un colocataire meurtrier

Ier février 2019 à Montréal au Québec, dans le quartier Hochelaga-Maisonneuve, une dispute éclate dans un appartement et Diane Gouin, 70 ans, est retrouvée ensanglantée et gisant au sol par les policiers. Son colocataire de 74 ans est arrêté sur place. Selon les voisins, l'homme est pourtant reconnu pour être gentil et doux, mais tous deux consommaient beaucoup d'alcool bien que l'homme aurait, quant à lui, cessé de boire depuis longtemps. La femme a été poignardée à mort et elle avait averti les voisins que son colocataire commençait à souffrir de démence. Il semble que le ton montait souvent le soir entre eux et, bien qu'ils cohabitaient depuis de nombreuses années, tous deux ne formaient pas un couple.

Howard-Charles Kirby

Le 14 octobre 2020, dans les Laurentides au Québec, un homme de 75 ans, Howard-Charles Kirby, tue sa voisine de 62 ans, Bonnie-Lynn Finnigan. Il aurait été en conflit avec celle-ci depuis plus de 15 ans et l'a tuée à main nue. La victime était sa voisine depuis plus d'une décennie sur la rue Edina à Brownsburg-Chatham et, selon l'ex-conjoint de celle-ci, leurs querelles duraient depuis le tout début. L'assassin est un homme étrange, reclus, vivant seul et sans électricité. L'ex-conjoint de Mme Finnigan croit qu'en fait le vieil homme désirait une relation amoureuse, que celle-ci refusait. Au fil des années, ce dernier aurait formulé des plaintes non fondées à la municipalité et à la police concernant Mme Finnigan. L'ex-conjoint de celle-ci serait intervenu à une occasion alors que les deux protagonistes se lançaient des morceaux de bois à la tête. Le corps de la victime a été découvert dans son domicile, mercredi après-midi, couvert de marques de violence, à la suite d'un appel du voisinage qui a alerté la Sûreté du Québec. La victime s'était munie de caméras tellement elle avait peur. M. Kirby sera inculpé de meurtre prémédité.

Drame conjugal

Le 2 novembre 2022, un couple est découvert tué par arme à feu à Neuvy dans la Marne. Au moment de la découverte, tout laisse penser à un féminicide suivi d'un suicide. La femme victime avait 60 ans et l'homme impliqué 72 ans. Les corps ont été retrouvés dans deux pièces différentes de leur mobile-home situé au sein du parc résidentiel du château de Nogentel où ils demeuraient à l'année. Les décès remonteraient au 1er novembre en après-midi ou au 2 novembre au matin. L'homme possédait un fusil et avait laissé un mot d'adieu à ses enfants, dans lequel il est question de femmes infidèles et menteuses. Aucune des personnes impliquées n'était connue de services de police ou de la justice et aucune violence antérieure n'est évoquée.

B. Légitime défense

Gustave M.

Fin juillet 2000, Gustave M., 76 ans, et sa femme Germaine sont au lit quand le bruit des clochettes, qu'il a disposé comme piège à l'entrée de son jardin de légumes, résonne. Il se lève et prend son fusil. Gustave a déjà été victime de vol à trois reprises, on lui a alors pris des bouteilles de vin, de la viande congelée et son matériel de pêche. Le vieil homme se penche vers la fenêtre de la salle à manger qui donne sur la cour. Il fait nuit puisqu'il est environ 22h 30. Il n'a pas ses lunettes et crie au voleur de se montrer. Puis il tire au hasard et tue d'un coup de chevrotines Patrick Charretier, 35 ans, qui meurt en lâchant la poignée de courgettes qu'il tient à la main. Son compagnon de 21 ans pour sa part est légèrement blessé. On arrête le vieil homme qui est inculpé d'homicide involontaire. Il obtient cependant plusieurs appuis et une pétition circule en sa faveur dans tout le canton. Gustave M. est connu comme une bonne personne, sans malice, ni violence. La victime, pour sa part, est arrivée à Bonnétable depuis six ans et s'y est fait connaître par de petits vols. Quand il avait bu, il parlait de ses séjours en prison ainsi que de ses problèmes affectifs et sociaux entre autres. Le curé avait tenté de l'aider, mais sans succès. On reconnaît, qu'à jeun cependant, c'était un homme gentil. Le maire parlera de la petite délinquance en augmentation dans la région et du ras-le-bol des citoyens à ce sujet. Gustave M. sera condamné à trois années de prison dont deux avec sursis et, après une interdiction de séjour, il est retourné vivre à Bonnétable.

René Galinier

En juillet 2015, le verdict tombe dans le procès de René Galinier, 78 ans, qui est reconnu coupable d'avoir tenté de tuer à coup de fusil Sanela, 11 ans et Marina, 18 ans, deux cambrioleuses qui l'ont tiré de sa sieste le 5 août 2010, à Nissan-lez-Enserune. Cette journée-là, il blesse grièvement les deux jeunes filles tirant deux coups de fusil vers elles après les avoir surpris chez lui, fouillant les commodes des chambres. L'accusation demande cinq années de prison ferme. Considérant le débat public qui fait rage, la cour d'assises de l'Hérault considère qu'il ne s'agit pas de dévier sur une légitime défense contre les Roms, gitans ou manouche et recadre le fait qu'on ne peut répondre à cambriolage par un meurtre. Pour sa part, l'accusé évoque la peur et la panique ressenties au moment des faits. Poursuivi pour tentative d'homicide volontaire, cet ancien chauffeur de bus se défend d'avoir voulu tuer. Il a crié haut les mains avant de tirer et, bien qu'il ait parlé de femmes lors d'appels au secours lancés, il dira ne pas avoir su s'il s'agissait à ce moment-là d'hommes ou de femmes. La légitime défense a été écartée, car les intruses n'ont pas démontré d'agressivité ou de tentatives d'agression. L'accusation pour sa part soutient plutôt que l'homme s'est comporté en chasseur les laissant entrer pour leur tirer dessus ensuite. Les deux cousines, quant à elles, ont évoqué la nécessité de voler pour se nourrir. Même si le vieillard avait tenu des propos racistes lors de ses interrogatoires, une telle motivation n'a pas été retenue. L'affaire a mené à maints débats, autant publics que politiques, autant sur la nécessité de pouvoir se défendre et défendre ses biens contre les Roms chapardeurs. Il a été demandé l'expulsion du territoire des deux victimes. René Galinier est finalement condamné à 5 années de détention, dont quatre avec sursis.

Michel Cadet

Dans la nuit du 7 au 8 décembre 2016, Michel Cadet, un ancien garagiste de 72 ans à la Mouille, une petite municipalité de 350 personnes située dans le Haut-Jura voit, vers 2h30 du matin, quatre hommes cagoulés pénétrer chez lui. C'est en entendant la vitre de la porte d'entrée se briser que Michel Cadet s'aperçoit de ce qui se passe. Il est aussitôt assailli et violenté puis repoussé dans sa chambre. Deux des voleurs maintiennent son épouse, Cécile Dalloz, dans la cuisine pendant que les deux autres tentent d'obliger le septuagénaire à faire le tour de sa maison. Ils se saisissent ensuite dans la cuisine de 2300 euros en espèces cachés dans un pot. Cadet réussit cependant à s'emparer d'un pistolet de 9 mm qu'il garde caché chez lui et le braque sur les assaillants. Ces derniers quittent alors la chambre pendant que Cadet arrive dans le couloir où il est ceinturé par Daniel Brac, le quatrième voleur qui tente de le désarmer. Au cours de la lutte, deux coups de feu sont tirés atteignant mortellement le malfaiteur. L'homme décède sur place pendant que ses trois complices prennent la fuite. L'un d'eux retourne cependant à la maison tentant de se faire passer pour un gendarme afin de récupérer le blessé, mais Michel Cadet n'est pas dupe et refuse d'ouvrir. Les cambrioleurs repartent aussitôt dans une voiture volée auparavant. Reconnaissant dans la victime un membre des gens du voyage, l'enquête s'oriente rapidement vers des suspects potentiels. Deux enquêtes sont ensuite ouvertes : l'une pour tentative de vol par bande organisée, l'autre pour homicide volontaire. Il y aura un procès en avril 2019 à la Cour d'assises du Jura pour les trois cambrioleurs survivants qui sont accusés de vol en bande organisée avec arme, de violences, plus quelques délits annexes. Lors de l'agression chez Michel Cadet, ils étaient armés d'un maillet, d'un démonte-pneu et d'un tournevis. Michel Cadet et son épouse ne sont pas présents au procès et le septuagénaire ne semble pas avoir été inquiété par la justice, la légitime défense étant sans doute reconnue.

C. Jalousie

Lena Driskell

Âgée de 78 ans, Lena Driskell abat, en juin 2005, son ex-petit ami âgé de 85 ans, Herman Winslow pendant qu'il lit son journal. Elle criera aux policiers à leur arrivée sur les lieux qu'elle a commis le crime et le referait encore. Lena Driskell s'est présentée à l'appartement de Hightower Manor sans invitation et armée d'une antique arme de poing qu'elle avouera posséder depuis 1957. Simplement vêtue d'une robe de chambre et de pantoufles, rien n'arrêtera la femme dans son projet meurtrier. Elle est en colère envers Winslow, car leur année de romance se termine alors que le vieillard a une nouvelle compagne dans sa vie. Lena Driskell devra verser une caution de 25 000$ et porter un bracelet de surveillance à la cheville pour obtenir une libération en attendant son procès ainsi qu'aller résider chez sa petite fille Lena Holt. Celle-ci dira que sa grand-mère et sa victime partageaient un compte en banque commun et l'amour des voyages. À l'âge de 86 ans, Lena Driskell est condamnée à 10 années de prison pour homicide volontaire qu'elle purge à la prison de Pulaski State Prison.

D. Compassion

Herbert Lenner

Herbert Lenner, âgé de 77 ans, répond, en ce 20 juillet 2000, du meurtre de sa femme survenu le vendredi précédent. Jenny, 73 ans, a été retrouvée sans vie dans un hôtel de Vaudreuil-Dorion. Il avait emmené sa femme en limousine dans un hôtel pour fêter leur 52e anniversaire de mariage puis a versé des somnifères dans son café avant de déposer un oreiller sur son visage. Pour sa part, il sera découvert inconscient, le 19 juillet dans l'avant-midi alors qu'il vient de tenter de mettre fin à ses jours. La dame aurait vu un médecin peu auparavant et ce dernier lui a confirmé qu'elle était atteinte d'Alzheimer. Lenner sera détenu pendant un an à l'Institut Philippe-Pinel avant d'être condamné à cinq ans de pénitencier pour homicide involontaire et libéré au 6e de sa peine.

Un conjoint dépassé

En septembre 2008, un homme de 76 ans admet avoir tué sa conjointe atteinte de la maladie d'Alzheimer. Dans la nuit du samedi au dimanche à son domicile de Fresnes, ce père de famille sans histoire a roué de coups son épouse âgée de 76 ans. Il en a ensuite averti son fils de 52 ans qui vit à proximité. Aux policiers appelés sur place, il raconte d'abord que sa femme s'est suicidée, puis qu'elle a chuté et finalement avoue l'avoir frappé parce qu'il était à bout. Il est aussitôt mis en examen pour violences volontaires ayant entraîné la mort sans intention de la donner. Le fait que la victime soit sa conjointe constitue une circonstance aggravante selon la loi. Le vieil homme a admis : « Je n'en pouvais plus ». Il a été placé en détention provisoire et risque vingt ans de prison. Lors de l'autopsie, le médecin légiste a relevé un traumatisme crânien, une fracture de la clavicule, des vertèbres cassées et d'importants hématomes au visage. Je n'ai pas réussi à trouver la conclusion de cette histoire.

Jean-Pierre

Jeanne allait avoir cent ans lorsqu'elle est retrouvée morte, le 9 novembre 2014, dans sa chambre de la maison de retraite des Deux Vallées à Nant. À l'époque, le décès ne soulève aucun soupçon mais, en 2016, les gendarmes sont interpellés et découvrent qu'elle aurait été empoisonnée par son fils, un ancien restaurateur âgé de 74 ans qui avait sa tutelle. Il aurait eu un complice, un professionnel de la santé, soit un kiné âgé de 35 ans qui est placé en garde à vue en mars 2017. Jean-Pierre expliquera avoir visité sa vieille mère pour lui administrer un produit toxique par le biais de sa nourriture. Il aurait mêlé du poison à la purée avant de la lui servir. Jeanne était aveugle depuis dix ans et ne parlait plus. Il semble donc s'agir d'un crime par compassion. Mais il faut savoir que Michel allait perdre la tutelle de sa mère et était convoqué le 10 novembre 2014 devant le magistrat à ce sujet. La vieille dame est décédée la veille de cette comparution. On ignore si Jean-Pierre voulait abréger ses souffrances ou hériter, il se suicidera en août 2018 à 76 ans pendant l'instruction de l'affaire. Son présumé complice soutient ne rien savoir de cette affaire, qu'il avait bien acheté le produit mortel, mais ne pas savoir ce que Jean-Pierre voulait en faire. Jean-Pierre venait chaque jour, matin et soir, pour donner les repas à sa mère et disait ne plus être capable de voir la vieille dame dans cet état. Par ailleurs, il parlait souvent de suicide à son entourage.

Une mère à bout

En février 2017, une femme de 70 ans tue sa fille de 39 ans et blesse grièvement son époux de 65 ans dans un hameau de la commune de Plounévez-Quintin dans les Côtes d'Armor. La fille était gravement handicapée et est morte étouffée dans sa chambre, la tête recouverte d'un sac plastique. La septuagénaire elle-même est décédée après avoir absorbé des médicaments pendant que son époux gisait dans son sang dans le salon. Les jours de ce dernier ne seraient plus en danger. La femme a donc tué sa fille et tenté de tuer son mari avant de se suicider. On croit qu'elle a agi par compassion.

Un père épuisé

Le 10 mai 2017 en Côte-d'Or, rue de Paris à Arnay-le-Duc, vers 10h30, les secours découvrent un homme de 76 ans entre la vie et la mort. Touché par balle, il a tenté de se suicider, le corps de sa fille de 56 ans, lourdement handicapée, autant physiquement que mentalement, est découvert, quant à elle décédée d'une balle en pleine tête. Les deux individus vivaient seuls. L'homme, un restaurateur qui a possédé entre autres la Crémaillère Saint-Jacques, est transporté au CHU de Dijon. C'est une voisine qui a alerté les gendarmes ayant reçu un SMS de l'homme disant qu'il allait en finir. Il avait la garde de sa fille depuis un an, suite à la séparation d'avec sa femme. Ils avaient des contacts fréquents avec le milieu médical et ne vivaient pas en reclus même s'ils étaient vus peu souvent.

Jean-Pierre Lance

Au Havre en Seine-Maritime, dans la nuit du 5 au 6 février 2017, Jean-Pierre Lance, 70 ans, supprime sa mère de 94 ans dont il s'occupait. Il l'étrangle au cours de la nuit et c'est l'infirmière qui se rend au domicile de sa patiente qui découvre le corps sans vie. Le fils avouera aux policiers appelés sur les lieux l'avoir étranglée après s'être levé pendant la nuit pour l'aider. Il a ensuite tenté de se suicider en avalant de l'eau de javel. En détention provisoire depuis le drame, il sortira de prison onze mois plus tard. Il n'en pouvait plus de s'occuper de sa mère atteinte d'un cancer et dont l'état se dégradait, ni des allers-retours des soignants ou de se lever la nuit, notamment. Épuisé, il a voulu la libérer et se libérer également.

Partir ensemble

Sur le stationnement de l'Ehpad pour personnes âgées dépendantes dans le Pas-de-Calais, un époux septuagénaire abat sa femme de 71 ans par balles en mars 2018. Il tente ensuite de se suicider. La femme en fauteuil roulant avait été admise en cet endroit après un AVC qui l'avait laissée très diminuée et dépendante. N'acceptant pas cette situation, son époux a agi. Après lui avoir tiré une balle dans la tête, il a retourné l'arme contre lui, mais la balle lui a traversé le cerveau le plongeant dans un état critique. Il décédera de ses blessures quelques jours plus tard. L'enquête tentera de déterminer le degré de consentement de la dame face au geste de son époux.

Meurtre suivi d'un suicide

Dans la nuit du 19 au 20 octobre 2021, vers 3h du matin, un homme de 71 ans se rend à l'hôpital nord de Marseille dans les Bouches-du-Rhône y voir sa femme de 69 ans qui y est hospitalisée. Il l'abat d'une balle et met ensuite fin à ses jours en se tirant une balle dans la bouche. L'homme a laissé une lettre afin d'expliquer son geste. Son épouse était en phase terminale de la maladie de Charcot, une sclérose latérale amyotrophique, soit une pénible maladie autant pour le patient que pour son entourage.

E. Troubles mentaux

John W. Mabie

Le 21 février 2002, à Toms River dans le New Jersey, John W. Mabie, ancien officier de police âgé de 70 ans, enferme son épouse à la cave et, armé, se rend chez sa belle-mère à quelques centaines de mètres de chez lui pour y abattre Natalie Gingerelli, 22 ans, sa petite-fille favorite. Dans une autre demeure voisine, il tue Sue Keiran, 42 ans, une postière, puis il se rend chez Thomas Luyster, 27 ans, et Suzanne Lavecchia, 27 ans, la fiancée de Thomas qui sont abattus devant leur maison. Mabie avait demandé une retraite anticipée en 1976 ne s'étant jamais remis d'un accident au cours duquel il avait tué un garçon de 11 ans. En fait John Mabie semblait être victime de paranoïa, il craignait pour sa propre sécurité et celle de sa belle-fille. Il avait peint les fenêtres de la maison en noir et coupé les branches des arbres près de la résidence qui pouvaient permettre d'atteindre la demeure. Il passait la majorité de son temps à l'intérieur au point de pouvoir être considéré comme un reclus. L'homme était convaincu que les gens qu'il avait mis en prison viendraient pour le tuer. Pour commettre la tuerie, il a utilisé l'arme qu'il conservait à son travail bien qu'il ne soit plus policier. Au procès un membre de sa famille dira qu'il avait perdu la tête à ce moment et ne savait pas ce qu'il faisait. Cependant, dans le passé, il a été admis que lorsqu'il vivait avec sa femme Julia, il était rude et renfermé ainsi que peu communicatif avec les voisins. Mabie était retraité de la police de Neward depuis 1976 après 18 années de service. Au procès, il est accusé de quatre meurtres et de possession d'arme avec intention illégale. Son avocat plaide non coupable pendant que d'anciens collègues viennent témoigner en sa faveur. Il plaidera coupable à ces charges le 9 octobre 2003 et le procureur recommande 30 années de détention.

Louis Dethy

Le 6 octobre 2002, le téléphone sonne à la permanence du Service d'Enlèvement et de Destruction des Engins Explosifs de l'Armée belge. Cette équipe devra s'acharner pendant trois semaines pour désamorcer les pièges mortels et machiavéliques imaginés par Louis Dethy, animé par la haine et l'amertume, au point que ses 14 enfants et ses 37 petits-enfants n'ont plus aucun contact avec lui. Deux heures avant le coup de fil, Louis Dethy, 79 ans, décède, touché à la carotide par un engin explosif qu'il a installé lui-même et sur lequel il effectuait un test de fonctionnement. Monique Reumont, la colocataire et ex-maîtresse du retraité, ajusteur à la retraite, découvre le cadavre au premier étage et pense à un suicide. Les policiers appelés sur place fouillent d'abord les lieux, mais en manipulant un coffre, une double détonation retentit. C'est suite à cette alerte qu'ils font appel au SEDEE. À l'ouverture de ce coffre deux canons se relevaient et peu importe où la personne se trouvait la décharge éclatait sa tête. Heureusement, les policiers étaient placés à l'arrière du coffre et ne furent pas touchés. La maison possède trois étages et une cour, plus quatorze box de garage dont trois sont piégés. Les engins de mort sont bien cachés parfois coulés dans les murs recouverts de plâtre et de papier peint. Il n'y a pas de logique dans leur installation, mais les engins de mort visent toujours la tête, le but étant de tuer. Les systèmes de déclenchement varient alors que leurs emplacements et pratiquement toutes les pièces en sont couverts. Une deuxième équipe doit être appelée pour prêter main forte tellement il convient de procéder prudemment. Le cinquième jour les policiers trouvent une liste des pièges dans une mallette, sous forme d'aide-mémoire ainsi que des morceaux de papier, des journaux et des nappes sur lesquels sont inscrites des annotations énigmatiques. Dethy avait donné des noms à ses pièges et, parfois, ceux-ci sont liés à des gens du village. Vingt pièges sont décrits dans ces notes. Le dernier n'a jamais été retrouvé, mais on a découvert les pièces qui l'auraient constitué : il n'a sans doute jamais été installé. Monique Reumont n'a pas signalé la présence des pièges dont elle connaît pourtant l'existence et la femme était revenue chercher clandestinement la mallette en question. Elle sera poursuivie pour non-assistance à personne en danger, mais a nié connaître les pièges. Elle dit avoir pris la mallette, car son ex-amant lui avait dit qu'elle contenait ses dernières volontés. Le 25 octobre 2004, Reumont est acquittée. Le jour où Dethy a appris que sa mère avait légué cette maison, qu'il avait construite, mais dont elle avait payé les matériaux, à l'une de ses filles, Jeanne âgée de 49 ans, il a entamé une procédure qu'il a perdue à la fin des années 90. C'est alors qu'il commence à installer ses pièges se disant que s'il était expulsé, le nouveau propriétaire n'en profiterait pas longtemps.

Peter Brooks

Peter Brooks, 76 ans, est trouvé coupable de meurtre en novembre 2016. Trois années plus tôt, il s'est attaqué à coups de canne à deux résidentes du centre hospitalier de Toronto où il réside alors. À ce moment, il blesse gravement Lourdes Missier, 91 ans, ainsi que Jocelyn Dickson, 72 ans, qu'il tue. Il voulait s'en prendre à une troisième victime, mais est arrêté à temps par le personnel hospitalier. Il s'est d'abord attaqué à Missier qu'il a frappé à la tête avec sa canne puis à Dickson, paralysée d'un côté du corps et l'a frappé au point de déclencher une hémorragie cérébrale et de briser sa canne. La défense soutiendra qu'il est atteint de démence, mais le juge considère qu'il peut être déclaré apte à comprendre ses actes. Il est condamné pour meurtre au deuxième degré avec une peine de prison à vie automatique et passera un minimum de dix années derrière les barreaux. L'homme était convaincu que les trois victimes complotaient pour le faire expulser de l'établissement et a affirmé avoir reçu la visite d'un esprit en rêve qui lui a dit de battre les trois femmes. L'homme est venu résider au Canada depuis plusieurs années en provenance de la Jamaïque. Deux psychiatres au procès l'ont dit atteint de démence que l'un a qualifié de modérée et l'autre de légère. Brooks aurait des dommages au lobe frontal ce qui intervient dans le contrôle de l'impulsivité, de la régulation émotionnelle et de la perspective. Les experts ne s'entendent pas cependant à savoir si cela a eu un impact concernant ses actions cette nuit-là. Un psychiatre gériatrique ayant connu l'homme un an auparavant, a déclaré qu'il présentait un risque chronique pour les autres résidents. Le Dr Stephen Barsky, pour sa part, l'a examiné en 2012 après avoir reçu trois rapports concernant ses comportements envers d'autres résidents. Brooks était sarcastique, agressif, irritable et non coopératif. Le spécialiste a considéré qu'il serait préférable qu'il soit placé dans une unité psychiatrique adaptée à sa condition. En janvier 2017, il est condamné à la prison à vie et ne pourra obtenir de libération conditionnelle avant au moins dix ans.

Jean Gay

Le 12 juin 2016, le corps d'une femme de 67 ans, Christiane Lombard, est retrouvé dans le stationnement de sa résidence vers 22h20. Les policiers avaient été avisés d'une altercation en cours auparavant. Ils ont trouvé la victime grièvement blessée au sol à leur arrivée. Elle succombera vers 23h. Un homme de 75 ans, Jean Gay, qui se trouve à proximité des lieux, est interpellé par une patrouille de police. La victime, une retraitée à Talant en Côte d'Or, dans l'agglomération dijonnaise, a bien été tuée par l'individu qui dit avoir agi suite à une pulsion. Lors de l'autopsie, il a été dénombré plus de 50 plaies sur le corps de la victime, au crâne, au cou et au thorax, infligées avec un couteau et un marteau. Des organes vitaux ont été touchés entraînant le décès. L'assassin est un ancien technicien mécanique viticole. Admettant ses gestes, le septuagénaire explique avoir ressenti une pulsion consécutivement à un échange téléphonique avec la victime le soir même, qui l'aurait fortement contrarié. Il raconte, lors de sa garde à vue, avoir eu le sentiment d'être *grugé* encore une fois par une femme avec laquelle il espérait une relation affective et lui avait offert plusieurs cadeaux. Il s'est donc senti fourvoyé et abusé financièrement par celle-ci, lui ayant avancé de l'argent sans jamais être remboursé. La préméditation sera retenue par le Parquet. Le procès de Jean Gay débute le 24 janvier 2019 et, reconnu coupable, il est condamné à 15 années de réclusion.

Jean Pierard

Fin décembre 2018, Jean Pierard, 70 ans, et Maryse Pêtre, 72 ans, de Philippeville en Belgique, sont retrouvés morts. L'homme a étranglé sa femme avant d'aller se pendre dans le garage. Il était enseignant en agronomie et en informatique alors que sa femme était professeure de morale. Jean était également un photographe amateur et fervent de la nature. Le couple avait eu de terribles épreuves au cours de leurs vies, ils avaient notamment adopté une fille qui décédera d'une maladie dégénérative. Depuis quelques jours, Jean était dépressif, mais personne ne s'attendait à ce geste. Ce sont leurs neveux, inquiets de ne plus avoir de nouvelles, qui ont fait la découverte macabre. Selon leurs amis, ils n'avaient pas de problèmes de santé. Jean Pierard était impliqué au niveau culturel et, une semaine plus tôt, discutait encore de divers projets. Mais la dépression semblait l'envahir. Aux dires de plusieurs, le couple était fusionnel et aurait eu d'autres coups durs au cours de leur existence, sans doute que tout cela fut trop lourd à porter.

Folie meurtrière

Le 21 mars 2019, une femme de 75 ans poignarde à mort un enfant de sept ans, à Bâle en Suisse. Aux environs de 12h45, l'enfant rentrait à pied de l'école quand la femme l'a agressé sans raison. Une enseignante passait à vélo et a vu l'enfant ensanglanté puis a alerté les secours, mais il était trop tard et l'enfant est décédé. Plus tard, la femme s'est rendue elle-même au service de police pour avouer son crime. Elle aurait ciblé sa victime au hasard, tous deux n'ayant aucun lien. La vieille femme a prévenu les médias et des institutions par SMS après son crime. On apprendra que les policiers se rendaient chez elle une à deux fois par an. La femme avait des relations difficiles avec les autorités et, très endettée, avait reçu de l'aide publique lors d'une procédure de faillite. Discrète et solitaire, son propriétaire n'avait rien à dire à son sujet, elle payait son loyer et ne sortait que pour ses courses. Des mois plus tard, elle ne montrera aucun remords pour son geste gratuit et prémédité. Le SMS envoyé la veille du crime démontre son intention de s'en prendre à un enfant pour récupérer ses biens. La femme se sentait persécutée et, en tuant cet enfant, croyait attirer l'attention sur sa situation. Neuf mois après le drame on demande son internement.

Drame dans l'Indre

Le samedi 20 février 2021, un homme de 75 ans est retrouvé sans vie à son domicile à Le Blanc dans l'Indre. Sa femme a prévenu les secours et l'autopsie a révélé qu'il était décédé de mort violente. En fait la victime a été étranglée. Comme il n'y a aucun signe d'effraction, sa femme de 70 ans est arrêtée, mais nie être responsable de la mort de son mari. Le maire de la municipalité explique n'avoir jamais entendu parler de ce couple tranquille. Mise en examen pour homicide volontaire, la femme continue de nier les faits, mais elle pourrait présenter une déficience mentale.

Un dangereux patient

Le 2 juillet 2021, une femme de 79 ans du service de gériatrie de l'hôpital à Beauvais dans l'Oise, est retrouvée battue à mort. C'est le vendredi matin que les membres du personnel constatent le drame : la victime présente des traces de coups au visage et au corps. Un homme de 73 ans, hospitalisé dans le même service, est aussitôt soupçonné et mis en garde à vue qui sera levée en raison de son état psychologique. Il est ensuite admis au service de psychiatrie. Les deux individus ne se connaissaient pas et une enquête pour meurtre sur personne vulnérable a été ouverte. Un morceau de tiroir serait l'arme du crime.

F. Perversion

Robert Dolby

Robert Dolby, âgé de 74 ans, comparait à Nice en décembre 2014 pour tentative de viol et de meurtre sur sa colocataire de 29 ans. Il est également accusé d'avoir tué une ancienne conquête. Les avocats de l'accusation dressent le portrait d'un violeur en série qui se fait passer pour un gentil monsieur. Robert D. est un ressortissant britannique et doit voir les débats traduits par un interprète. L'homme est veuf et nie les accusations portées contre lui. Il reconnaît simplement une bagarre avec Cindy, sa jeune colocataire, au début de 2012. Il parle aux enquêteurs de *sex friend* pour désigner la jeune femme, déficiente visuelle et soutient qu'ils avaient des rapports et, qu'en échange, il payait toutes les dépenses. La cohabitation durait depuis un mois, elle se laissait laver par lui mais, lorsqu'il réclama du sexe, elle refusa et une bagarre s'ensuivit. Il sera accusé de viol, tentative de viol ainsi que du meurtre d'une dame de 60 ans, Annie-Claude Chevalier, retrouvée sans vie au domicile de Robert Dolby en 2010. D'abord classé comme mort naturelle, ce décès est ensuite qualifié de meurtre. À ce moment, seul le médecin du SAMU a semblé remarquer des éléments inquiétants. Deux ans après sa mort, le corps de Mme Chevalier est exhumé et l'autopsie permet de découvrir l'absorption d'un médicament hypnotique. Or, selon son frère, elle avait horreur des médicaments et n'en prenait jamais. L'épouse de Dolby, par contre, décédée un an plus tôt, était traitée avec cette substance. L'accusation croit que Dolby a endormi puis étouffé sa victime. L'homme installé depuis plusieurs années sur la Côte d'Azur, d'abord à Roquebrune-Cap-Martin puis à Beausoleil, est jugé à la cour des Alpes-Maritimes. C'est un ancien cuisinier qui a travaillé partout dans le monde. L'enquête démontre de plus qu'il a été condamné, 20 ans plus tôt en Angleterre, à quatre ans de prison pour agression sexuelle. Selon une ancienne conquête, qu'il a failli épouser, il réclamait constamment des relations sexuelles et son humeur allait suivant le contentement reçu. Après avoir bu, il perdait le contrôle de son comportement et était volage. Dolby n'a jamais dissimulé son goût pour les femmes et le sexe. Pour le meurtre d'Annie-Claude Chevalier, il sera condamné à 30 années de prison avec une période de sûreté de 15 ans.

Dans les pays anglo-saxons, la défense d'irresponsabilité est définie par les Règles M'Naghten issues d'un procès s'étant produit en 1843 et établissant les distinctions entre responsabilité pénale et folie. Le 20 janvier de cette année-là, Daniel M'Naghten veut assassiner le premier ministre anglais Sir Robert Peel, mais tire plutôt sur le secrétaire personnel de l'homme d'État, Edward Drummond, qu'il aurait confondu avec Peel. L'homme décédera cinq jours plus tard malgré un premier compte-rendu optimiste des médecins concernant son état. Il sera déterminé que l'assassin souffrait de délires paranoïdes et M'Naghten sera acquitté pour cause d'irresponsabilité. Une telle conclusion doit se référer à certains critères, dont une absence de discernement au moment des faits, et non une simple défaillance passagère, qui résulte d'une maladie mentale confirmée. L'auteur de l'acte doit donc ignorer la nature et le sens de ses gestes tout comme le fait qu'il commet une infraction lorsque celle-ci est commise. La maladie mentale elle-même est définie comme étant toute atteinte susceptible d'affecter le raisonnement, la mémoire ou la compréhension de l'individu.

À ce sujet l'article 16 du Code criminel canadien mentionne : (1) **Troubles mentaux.** La responsabilité criminelle d'une personne n'est pas engagée à l'égard d'un acte ou d'une omission de sa part survenu alors qu'elle était atteinte de troubles mentaux qui la rendaient incapable de juger de la nature et de la qualité de l'acte ou de l'omission, ou de savoir que l'acte ou l'omission était mauvais.

(2) **Présomption.** Chacun est présumé ne pas avoir été atteint de troubles mentaux de nature à ne pas engager sa responsabilité criminelle sous le régime du paragraphe (1) ; cette présomption peut toutefois être renversée, la preuve de troubles mentaux se faisant par prépondérance des probabilités.

(3) **Charge de la preuve.** La partie qui entend démontrer que l'accusé était affecté de troubles mentaux de nature à ne pas engager sa responsabilité criminelle a la charge de le prouver.

En France, au Chapitre II du Code pénal il est mentionné : Des causes d'irresponsabilité ou d'atténuation de la responsabilité (Articles 122-1 à 122-9). N'est pas pénalement responsable la personne qui était atteinte, au moment des faits, d'un trouble psychique ou neuropsychique ayant aboli son discernement ou le contrôle de ses actes.

L'appréciation de l'état mental d'un accusé se rapporte aux résultats d'expertises effectués par des intervenants qualifiés. Cependant l'expérience judiciaire a démontré que les conclusions de ceux-ci s'opposent parfois rendant difficile pour les instances impliquées de définir une conclusion et un verdict justes et équitables. La difficulté résulte également à déterminer l'état mental de l'individu au moment des faits, car il est possible qu'une accumulation de frustrations l'ait conduit à se sentir dans un état mental précaire le menant à l'impossibilité de discerner les conséquences de ses gestes. Les intervenants doivent donc tenir compte des antécédents de ce dernier, tout comme des gestes posés eux-mêmes, pour tenter de déterminer son degré de responsabilité lors du crime commis. Néanmoins, si la compréhension de tels gestes en lien avec une maladie mentale peut se concevoir, d'autres cas semblent plus difficiles à admettre, notamment en ce qui concerne le degré excessif de réaction de l'individu devant l'élément déclencheur du drame.

La vie de couple, quant à elle, peut se transformer autant en fonction des modifications qu'entraînent le vieillissement chez l'un et l'autre des partenaires qu'en fonction des évènements qui ont jalonné leurs vies ou qui surviennent à un âge plus avancé. Une rancœur contenue peut trouver son terme de manière violente tout comme le désir de changement après des années d'hésitation. Les relations interpersonnelles sont aussi sinon plus importantes chez les personnes âgées que chez l'adulte. La relation parent-enfant à l'âge adulte est celle d'un investissement parental à l'égard des enfants puis d'une phase de respect mutuel et d'échanges réciproques pour finir par une période où les parents plus âgés reçoivent des soins de la part de leurs enfants. Le rapport de dépendance évolue donc au cours de la vie. Encore là celui-ci est teinté du passé, si un parent a été inadéquat envers ses enfants il ne peut s'attendre à ce que, parce qu'il devient âgé, tout soit oublié. À ce sujet, notre société a tendance à considérer que toute personne âgée mérite attention et dévouement, ce n'est malheureusement pas le cas. Doit-on exiger d'un enfant qu'il se dévoue à un parent qui l'a agressé et insulté toute sa vie ? Doit-on exiger d'un enfant déjà débordé par sa propre famille proche de s'épuiser envers des exigences parfois exagérées de son parent âgé ? Il existe des préjugés positifs envers les personnes âgées, présentant une homogénéité de perception, mais ce ne sont pas toutes des bonnes personnes ayant travaillé toute leur vie en fonction du bien de leur famille ou de la société. Par ailleurs, la perte d'autonomie peut perturber un aîné qui ne l'accepte pas et mener à des actes inattendus et agressants. Ceux-ci sont alors dirigés vers son entourage. Vécue à répétition, une telle situation peut parfois provoquer la colère et la violence de l'individu qui le subit, surtout si celui-ci est « coincé » avec la personne agressive. Ce qui est souvent le cas du conjoint âgé lui-même en perte d'autonomie.

De même, il existe plus d'alcoolisme que nous pourrions le croire chez des personnes âgées. La consommation chez les aînés varie en fonction de l'âge, du genre, du statut socio-économique et d'autres paramètres, telle l'acceptation sociétale de la consommation d'alcool. Normalement, plus les personnes sont âgées plus la proportion de buveurs et de consommateurs abusifs diminue. Les générations qui présentent un taux élevé de consommation abusive pendant leur jeunesse sont celles qui, plus tard, présentent le plus haut taux de problèmes reliés à la consommation d'alcool. Les personnes les plus à l'aise financièrement sont celles qui consomment le plus. Les experts croient également que le nombre de personnes âgées qui consomment est plus élevé que ce qu'indiquent les recherches. Les membres de la famille, les amis et les spécialistes de la santé ont de la difficulté à identifier ce problème, car on tente souvent de protéger la personne en raison de son âge en niant souvent la problématique pourtant évidente. Pourtant, une telle dépendance n'est pas à prendre à la légère. En effet, une consommation abusive d'alcool amène une dégradation de l'état de santé, un repli sur soi, des pertes de mémoire, une dépression, de l'insomnie, des chutes, des problèmes de digestion, une perte d'appétit ainsi que des angoisses. Une consommation est abusive lorsque la personne persiste à trop ou mal consommer en connaissant les effets néfastes de celle-ci. Certains aînés consomment trop en raison des deuils et de pertes fonctionnelles qu'ils vivent en vieillissant. Ils peuvent également mêler alcool et médicaments. Le processus normal du vieillissement implique par ailleurs des changements physiologiques qui augmentent la vulnérabilité à l'alcool en raison du pourcentage de gras dans l'organisme qui augmente alors que la quantité d'eau diminue. Il y a également une réduction de l'efficacité des enzymes responsables de l'élimination de l'alcool par le métabolisme hépatique. Tout comme des modifications au niveau des reins, du foie, du système cardiovasculaire et du cerveau réduisent l'efficacité du processus d'élimination et augmentent la sensibilité aux effets de l'alcool. Ces changements s'accentuent avec les années et les effets de la consommation d'alcool deviennent plus prononcés et durent plus longtemps. Les changements sociaux entraînant des pertes sont également susceptibles d'influencer la consommation d'alcool chez un aîné.

Par ailleurs, chez les personnes âgées, la polypharmacie est souvent présente. Il est recommandé aux gérontologues de préconiser l'abstinence si un aîné est dépendant de l'alcool et incapable de se contrôler. Diverses interventions sont alors possibles : soit des approches cognitivo-comportementales, comme tenir l'individu plus informé, des consultations régulières, les référer à des ressources (ex. Alcochoix, éducalcool) et la tenue d'un journal sur ses consommations, car parfois elle ignore à quel point elle en consomme. Il peut être pertinent de fixer des objectifs, soit des façons de boire comme consommer moins souvent, plus lentement, notamment et éviter des endroits tentateurs. Pour l'intervenant il existe plusieurs possibilités de tests de dépistage, par exemple le questionnaire CAGE, qui concerne la fréquence et la quantité d'alcool consommée ainsi que le test AUDIT. Rappelons qu'une consommation excessive d'alcool peut avoir des effets sur la santé en modifiant des mécanismes biologiques corporels. La dépendance peut également occasionner des maladies chroniques ou des problèmes de santé mentale. Il y a également augmentation du risque d'être atteint de certains cancers et autres affections.

Avec le vieillissement, la santé physique se fragilise et peut-être que cette impression de faiblesse motive le passage à l'acte lors d'un cas de légitime défense. La réponse de la personne inquiète peut alors se révéler exagérée devant la menace. Cependant, son sentiment de fragilité la mène à réagir ainsi. Dans la plupart des juridictions, la légitime défense doit être proportionnelle à la menace réelle, mais dans le cas de contrevenants plus âgés il serait peut-être adéquat de revoir partiellement cette interprétation de la gravité réelle de la menace en fonction de la réalité de celle-ci, diverses juridictions semblent déjà se pencher sur le sujet.

4

Meurtrier(ère)s de 80 ans et plus

Étonnant d'avoir un chapitre avec des criminels de tels âges. Ils sont pourtant suffisamment nombreux pour pouvoir en traiter. Ce qui démontre que la dangerosité n'a pas d'âge.

A. Rage

Jean Bastouill

Jean Bastouill est âgé de 88 ans lorsqu'il est condamné à dix ans de prison pour le meurtre de son ancien gendre. Jugé par la Cour d'assises des Pyrénées-Orientales, il a commis son crime en 2010, considérant sa victime responsable de la mort brutale de sa fille Anne-Marie deux ans plus tôt. Le couple était marié depuis 26 ans mais, selon le fils d'un premier mariage d'Anne-Marie, elle voulait divorcer. Le 15 août 2008, la femme décède à sa résidence d'un malaise brutal et mystérieux. Son époux, Jean-Charles Messmer dit avoir tenté de la sauver, sans succès, puis se hâte ensuite de procéder à la crémation du corps ce qui suscite la suspicion. Le 20 juillet 2010, Bastouill tire plusieurs coups de fusil sur son ex-gendre alors que l'homme de 63 ans prend son petit déjeuner sur la terrasse de sa villa située près de celle du meurtrier à Rivesaltes. Arrêté, l'agresseur fait une année de détention provisoire avant d'être remis en liberté en attendant son procès. Il est condamné à la peine la plus lourde requise. À l'énoncé du verdict, désespéré, il se débat et tente de prendre l'arme d'un policier, mais est maîtrisé. Lors du procès, l'accusé n'a cessé de clamer sa conviction que Jean-Charles Messmer, anesthésiste à l'hôpital de Perpignan, a bel et bien tué sa fille. Certains évoqueront sa personnalité exemplaire et son avocat porte la cause en appel. Jean Bastouill est remis en liberté, sous assignation judiciaire à résidence, en attendant son second procès qui est prévu avant la fin de 2015. Il n'aura jamais lieu, sans doute en raison tout d'abord de retards et surtout du décès de Bastouill, le 11 janvier 2017. Sa mort met fin à la saga judiciaire du plus vieil accusé de France.*

Damien Barrois

L'octogénaire Damien Barrois affirmera, à plusieurs reprises, avoir tué sa femme parce qu'elle l'emmerdait. Le drame se produit le 10 décembre 2010 à Auchy-au-Bois. Il est 13h30 quand Damien Barrois sort de sa résidence de la chaussée Brunehaut pour interpeller un automobiliste qui passe et lui avouer avoir tué sa femme à coups de carabine. Les secours ne pourront que constater le décès de celle-ci. Raymonde Barrois, née Wallart, allongée dans le salon baignant dans son sang était âgée de 77 ans. Le médecin légiste rapporte des blessures à la tête, causées à la fois par des projectiles d'arme à feu ainsi que par des coups violents. Damien Barrois explique qu'il était allé dans la chambre chercher sa carabine de type 22 long rifle déjà chargée. Sa femme était assise à la table du salon, il est arrivé derrière elle et a tiré. Elle bougeait encore, il a alors tiré une autre balle. Elle est tombée au sol et comme elle bougeait toujours il l'a frappé à coup de crosse. L'arme du crime sera retrouvée en plusieurs morceaux. Le couple avait quatre enfants dont trois ont témoigné lors du procès. Depuis la retraite de Damien en 1983, les relations du couple s'étaient détériorées. La femme était décrite comme enjouée, extravertie et joviale et l'accusé dominateur et irascible. Selon l'un de ses fils, il empêchait son épouse de sortir et était jaloux de son bien-être. Les experts décriront l'accusé comme hypocondriaque et centré sur lui-même. La veille du meurtre, il était de retour d'une semaine d'hospitalisation. En cette journée fatidique, sa conjointe lui aurait caché une lettre qu'il a crue écrite par un amant, mais en fait en provenance de l'hôpital. Son procès se déroule deux ans plus tard alors qu'il tente de minimiser ses dires affirmant ne pas savoir pourquoi il a commis ce crime. Il comparait alors devant la cour d'assises du Pas-de-Calais pour meurtre avec préméditation. Des experts sont entendus ainsi que des membres de ses proches. L'accusé, qui fixe le vide la plupart du temps, est condamné à 18 ans de prison ferme.

Domenico Torrente

Domenico Torrente, 84 ans, résidant de Gatineau au Québec, est accusé d'avoir tué sa femme le 26 mars 2012. Ce soir-là, il compose le 911 disant avoir tué son épouse et n'offre aucune résistance lorsque les policiers l'arrêtent à son domicile. La femme a succombé à des blessures infligées par arme à feu. Le couple se disputait souvent sur à peu près tous les sujets, les dimensions du jardin, les sorties, etc. Une nouvelle confrontation au souper aurait porté l'homme à commettre le geste irréparable envers son épouse de 77 ans, Santina Larosa, abattue de quatre balles. Un des coups de feu a été tiré à la tête à bout portant. L'accusé cachait l'arme dans un divan et le reste de la famille en ignorait l'existence. Il s'en servait sur sa ferme en Montérégie pour abattre des animaux prédateurs et l'aurait utilisée lors d'une entrée par effraction chez lui. Mariés depuis 54 ans, dans les derniers temps une animosité grandissante s'était installée dans le couple. La victime avait dit à l'un de ses fils que son époux était agressif, mais de ne pas s'attarder à leur discorde. Pour sa part, Domenico Torrente aurait avoué à son médecin peu avant le drame qu'il avait des problèmes de mémoire et ce dernier aurait admis que son espérance de vie était précaire. Torrente contredisait constamment les demandes de sa femme et, le soir fatidique, n'avait pas répondu à son appel à souper alors qu'il se trouvait au sous-sol. Il a été ensuite irrité de ne pas avoir d'assiette qui l'attendait sur la table. Sa femme a soutenu qu'il n'avait pas répondu à son appel, il a alors demandé si elle voulait qu'il meure plus tôt encore et elle aurait répondu que ce serait une bonne affaire. Le drame s'est ensuite produit. Au cours de son incarcération préventive, le vieil homme a également plaidé coupable à une voie de fait contre un autre détenu qui l'aurait taxé. En fait, il a piqué avec un stylo un homme qui voulait qu'il paie pour reprendre possession de la chaise dont il avait besoin pour ses déplacements. Il a alors écopé d'une peine concurrente de dix jours. Lors de sa détention préventive, le tribunal avait accepté de libérer l'homme à mobilité réduite, mais aucun Centre pour personne âgée n'a voulu l'accepter, les autres pensionnaires menaçant de quitter les lieux s'il y venait. En novembre 2014, Torrente plaide coupable à une accusation réduite d'homicide involontaire coupable, il avait d'abord été accusé de meurtre non prémédité, mais une entente a été conclue entre la couronne et la défense. L'état de santé précaire et l'âge du meurtrier ont été pris en considération et il écope de 12 ans de pénitencier, moins le temps de détention préventive.

Germain Hayaux

Le 31 janvier 2013, Germain Hayaux, âgé de 86 ans, tire sur une assistante maternelle l'atteignant de plusieurs balles à la tête et au thorax. La femme de l'agresseur témoignera que voilà 15 jours qu'il pensait à tuer cette personne et qu'elle croit qu'il l'attendait. En cette fin de matinée, le car scolaire arrive au bout de sa tournée de ramassage, Le prochain arrêt est Malans. Il reste cinq enfants dans le véhicule, dont trois arrivent à leur arrêt, mais personne ne les attend. C'est surprenant car leur nounou est habituellement toujours présente. Le chauffeur s'interroge, descend et fait quelques mètres pour découvrir Marielle Paris, 52 ans, dans une mare de sang sur la rue de la Rance. Hayaux est un chasseur, imprévisible, certains le disent même déséquilibré. Les autorités interviennent suite à l'appel de secours. Il est alors question d'un homme retranché et armé. L'équipe du PSIG de Gray aperçoit l'agresseur sur le pas de la porte de sa demeure, sans arme et l'interpelle. Il n'opposera pas de résistance. Voilà plusieurs années que le retraité, anciennement chauffeur de bus, trouble la quiétude de ce petit bourg. Veuf et ayant perdu son fils dans un accident de moto, il est venu s'installer chez sa concubine voilà une dizaine d'années. En 2006 il est condamné pour violences sur l'épouse de son voisin.

Peu après, il écope d'une amende de 300 euros pour destruction de panneaux de signalisation dans le village. Malgré ses dénégations, l'entourage soutient que le vieillard présente des pulsions infantiles, par exemple détruire des potagers, lancer des ordures dans les jardins, etc. La municipalité était soucieuse du climat ainsi suscité et avait interpellé le procureur de la République. L'individu étant incivil et plus ou moins agressif, il était qualifié de vindicatif. Le matin du crime, il serait allé dans son garage pour nettoyer son arme, un semi-automatique de calibre. C12. C'est à ce moment qu'il aurait eu l'idée de tuer sa voisine. Il l'a alors vu circuler, s'est embusqué puis a tiré. Elle ne reprendra jamais conscience et décédera trois semaines plus tard. Hayaux rentre ensuite chez lui, mange et regarde la scène à l'occasion alors que tout l'entourage se presse sur les lieux du drame. Chez lui seront retrouvées deux autres armes et quantité de munitions. Selon des témoins, il aurait tenté des avances auprès de sa victime qui l'a repoussé. Son procès s'ouvre en janvier 2015 à Vesoul devant la cour d'assises de la Haute-Saône et du Territoire de Belfort. Reconnu coupable d'assassinat et de mise en danger de la vie d'autrui, l'octogénaire est condamné à quinze années de réclusion. La cour et le jury ont considéré que son jugement était altéré au moment des faits, mais pas aboli.

Lloyd Woodlief

Lloyd Woodlief a 84 ans lorsqu'il tire sur son fils. Pour se défendre, son petit-fils l'abat ensuite à son tour. Le drame se déroule à Kittrell, en Caroline du nord, une municipalité de moins de 500 habitants. Vers 19h en ce 7 juillet 2014, le Vance County shériffs répond à un appel parlant de coups de feu. À leur arrivée sur les lieux, les policiers découvrent Lloyd, résident de l'endroit, tué par un calibre 12 et décédé rapidement. Son fils, Peyton Woodlief, a été atteint par un pistolet de calibre 12 et était résident de Franklinton en Caroline du Nord. Il est rapidement traité au Duke Medical Center de Durham et survivra. L'autre individu impliqué est le petit-fils de l'octogénaire, Daniel âgé de onze ans. En avril 2016, ce dernier sera exonéré de tout blâme bien qu'il ait tiré le coup de feu fatal, car il a été démontré qu'il a agi en état de légitime défense. En cette fatidique journée, tout commence par une dispute entre les deux adultes. L'accusé et son fils se sont rendus chez le vieil homme pour récupérer une arme. Ce dernier refuse de la rendre jusqu'à ce que son fils rende lui-même une autre arme qu'il détiendrait. Peyton et son fils s'apprêtent à quitter les lieux lorsque le vieil homme tire à plusieurs reprises sur son fils, puis son petit-fils réplique ensuite. Peyton sera accusé d'avoir aidé à causer un meurtre au second degré, d'avoir incité un mineur à commettre un crime et d'avoir commis une agression en présence d'un mineur. Il a dû fournir 150 000$ de caution pour sortir de la prison de Vance County et il lui est interdit de communiquer avec son fils et sa mère à ce moment-là.

Un forcené de 80 ans

En mai 2016, un gendarme du GIGN est tué lors d'une intervention menée pour maîtriser un forcené de 80 ans qui avait blessé sa compagne lors d'une dispute familiale. Le gendarme était père de deux enfants et chef de groupe au GIGN d'Orange. Le forcené s'est retranché dans son domicile après avoir tiré sur sa compagne avec une arme de chasse. Le drame se déroule dans une villa d'un quartier résidentiel de Gassin dans le golfe de Saint-Tropez. Légèrement blessée, la femme a réussi à fuir et alerter la gendarmerie. Les policiers, dont deux négociateurs, sont dépêchés sur les lieux vers 9h le matin. Aux alentours de 11h, le groupe d'intervention s'approche des lieux alors que l'homme, caché derrière son garage, surgit et tire vers les gendarmes touchant la victime mortellement au cou et au visage, laquelle se trouvait en tête du groupe. Le forcené essaie ensuite d'incendier sa maison avant de fuir pour finir par se tirer une cartouche dans la bouche. Grièvement blessé, la mâchoire arrachée, il fait un arrêt cardiaque mais on parvient à le réanimer. Il est alors évacué par hélicoptère vers un centre hospitalier de Nice où il décède dans la soirée.

Susumu Tomizawa

Le 9 septembre 2020, le japonais Susumu Tomizawa, 88 ans, se dispute avec sa petite fille Tomomi, 16 ans, avec qui il habite. Il a bu de l'alcool plus tôt dans la soirée et de rage saisit un couteau de cuisine de 17 cm, puis se rend poignarder au cou la jeune fille qui se trouve dans sa chambre. Quelques instants plus tard, il appelle son fils pour lui dire qu'il a trouvé le cadavre de Tomomi. Les policiers sont appelés sur les lieux. L'enquête démontrera son geste meurtrier, mais souffrant d'Alzheimer, il soutient ne pas s'en souvenir. Le vieil homme avouera finalement son crime sans toutefois s'en rappeler. Ses avocats plaident l'irresponsabilité en raison de son état de démence, mais la cour le condamne à 4 ans et demi pour meurtre le 31 mai 2022. Il a été pris en considération son intention de tuer et sa capacité à le faire.

Brian Paul Dennison

Le 19 octobre 2022, une femme de 90 ans est découverte morte dans une résidence pour aînés de Vaudreuil-Dorion au Québec. Son conjoint, un homme de 82 ans, Brian Paul Dennison, est arrêté pour avoir battu à mort sa compagne des 46 dernières années, Annie Dilauro. L'agresseur aurait tenté de se suicider par la suite et s'est infligé plusieurs blessures. C'est leur fille, venue leur rendre visite, qui a découvert le drame. Le vieil homme semblait confus, mais sera accusé de meurtre au second degré, non prémédité. Le couple habitait sur les lieux depuis cinq ans et était reconnu comme sans histoire. Leur voisine immédiate n'a rien entendu venant de leur appartement, même au moment du drame. On ignore son mobile, mais il ne peut s'agir d'un meurtre par compassion, la victime ayant tenté de se défendre en infligeant des blessures à son mari.

B. Troubles mentaux

Celso Gentili

En juillet 2009, une infirmière auxiliaire de la résidence Les Jardins de l'aubade dans l'arrondissement Saint-Léonard à Montréal est agressée par un résident. Marlène Cardoso reçoit une balle tirée par Celso Gentili, un ancien pâtissier. L'homme croyait, entre autres, qu'elle lui avait volé un moule à gâteau et qu'elle était injuste avec lui depuis quatre ans. Ruminant ses frustrations, il avait décidé que la seule façon de régler le problème était de l'abattre. Il avait même écrit une lettre pour expliquer les étapes qui l'ont conduit à son geste. Quelques minutes avant l'agression, la victime avait appelé le patient, pour lui dire qu'il n'avait pas réglé le loyer de sa chambre et l'avait invité à venir rencontrer le gérant à son bureau. Gentili est arrivé en fauteuil roulant avec son arme que la victime a confondu avec un jouet bien qu'il s'agisse d'une arme de calibre 12 avec laquelle il avait déjà tiré au pigeon d'argile. Il tire ensuite sans que l'infirmière ait le temps de réagir puis braque son arme vers une collègue qui tente de la secourir. En entendant le coup de feu le gérant, Giuliano Zanchetti, sort de son bureau et désarme l'individu avant qu'il ne fasse feu sur la seconde infirmière. Gentili avouera aux policiers après son arrestation : « Je ne suis pas un bon tireur, mais de très proche, il n'y a pas de problème ». Âgée de 33 ans et mère de jumeaux de cinq ans, l'infirmière a survécu à l'agression. La balle est entrée dans le bras de la victime et des fragments en sont ressortis par le thorax en passant près du cœur. Celso Gentili fera face à 7 chefs d'accusation. Outre la tentative de meurtre, il est accusé d'utilisation d'une arme à feu dans un dessein dangereux, de voies de faits graves envers une autre personne intervenue pour le maîtriser après l'agression. Le vieillard gardait chez lui cette arme légalement enregistrée. L'expertise psychiatrique détermine qu'il était en plein délire paranoïde de persécution lors de ces gestes. Il a donc été déclaré non criminellement responsable de la tentative de meurtre sur Mme Cardoso. On lui refuse cependant la liberté sous caution même si une petite-nièce se dit prête à l'accueillir. Son dossier par la suite sera déféré à la Commission d'examen (tribunal administratif), qui décidera ce qu'il convient de faire de Celso Gentili, a indiqué son avocate, Sonia Mastro Matteo. Selon elle, l'homme va mieux depuis qu'il prend des médicaments, mais il souffre d'autres problèmes de santé, dont le diabète et des troubles cardiaques. En ce qui concerne la victime, elle a dû subir d'importantes interventions chirurgicales, notamment une reconstruction de l'épaule. Gentili serait décédé en septembre 2013 à l'âge de 88 ans.

Germain Hernandez

Germain Hernandez, a 84 ans, est paranoïaque. Il abat son beau-fils à Agde d'une balle dans la tête avant d'essayer de tuer sa femme à coups de couteau. Ancien coiffeur et représentant de commerce, le 14 mars 2010, jour d'élection régionale, il est furieux de ne pas trouver le maire dans les bureaux de vote pour se plaindre de ses voisins et pique une crise. Depuis des mois, cet homme irascible, jaloux et raciste, rend la vie impossible aux résidents de la rue des Barris tout comme à sa compagne, Marie-Marthe Perraudat, qui a décidé de partir avec son fils. Mais à ce moment, le vieil homme s'empare d'un pistolet et abat Jean-Pierre Perraudat, son beau-fils, puis, lorsque sa mère se précipite, il veut la tuer pour la délivrer du mal d'avoir perdu son enfant, dira-t-il. Il tire sur elle, la rate puis l'arme s'enraye. Il va alors chercher un couteau et assène plusieurs coups à la tête et au cou de la femme. La lame est déviée par l'écharpe de la victime qui réussit à s'enfuir. L'agresseur sort ensuite et s'en prend à une voisine alertée par les cris de Mme Perraudat. Elle entendait l'homme crier à sa conjointe qu'elle allait mourir, que c'était son tour, son heure. Lorsque la voisine tombe nez à nez avec le vieil homme, il dit qu'il va la tuer puis se tourne finalement vers sa conjointe, hagarde et en sang. Il sera finalement maîtrisé. Quatre psychiatres l'examinent et décrivent une personnalité paranoïaque avec délires de persécution. Un expert soutient qu'il ne peut être jugé, mais les trois autres s'opposent à cet avis. Il est donc renvoyé aux assises, mais son état mental se dégrade et il se déshabille devant le juge lors d'un interrogatoire. Sans doute atteint d'Alzheimer, il est remis en liberté en octobre 2013, à 87 ans, la sénilité qui l'affecte semblant le rendre inoffensif.

Une résidente en délire

Le 9 décembre 2016, une résidente de 86 ans de la maison de retraite Les Magnolias située dans le Lot-et-Garonne, frappe à mort une autre résidente de 85 ans. Toutes deux se trouvaient dans l'unité de soin consacrée aux personnes atteintes d'Alzheimer. La victime a été transportée à l'hôpital où elle est décédée des suites de ses blessures. L'assaillante a été transférée au centre d'accueil psychiatrique de la Candélie à Agen.

Un dément de 86 ans

En janvier 2017, une dame de 92 ans est tuée en Haute-Garonne, dans la maison de retraite l'Acacia à Nailloux, par un pensionnaire de 86 ans. L'homme est retrouvé avec du sang sur les bras après la découverte du corps ensanglanté de la victime vers 4h30 du matin. Le vieillard est aussitôt mis en état d'arrestation et les policiers débutent l'enquête dans le cadre d'un homicide volontaire. L'établissement l'Acacia accueille des personnes âgées valides et semi-valides, dont des personnes atteintes d'Alzheimer.

Frédéric

Val-de-Marne, Frédéric, 86 ans, tue sa femme Marcelle à coups de casserole. Le drame se produit à Limeil-Brévannes, en mars 2017, dans le pavillon familial de la rue Albert-Garry. La victime est âgée de 90 ans et c'est la personne chargée de leur apporter les repas chaque matin qui découvre la femme inconsciente et présentant de nombreuses fractures. L'agresseur se trouve sur place, couvert de sang et fortement alcoolisé. Il est alors au salon et admet avoir frappé sa femme à coups de casserole et qu'elle l'avait mérité. L'homme est placé en garde à vue au commissariat de Limeil-Brévannes. Frédéric semble avoir été toute sa vie un homme bien, un père attentionné ainsi qu'un mari prévenant et, du jour au lendemain, cet accès de violence est incompréhensible. Ses proches ne reconnaissent pas le caractère de cet homme habituellement affable. Marcelle et Frédéric vivent dans ce pavillon d'un quartier tranquille depuis 1963. Tous deux sont retraités, lui était contrôleur de la qualité des viandes et elle était infirmière. L'un de leurs enfants est décédé brutalement voilà quelques années. Décrits comme des gens sociables et ouverts, Marcelle avait un caractère bien trempé alors que Frédéric est gentil et calme, jamais agressif. Passionné de chasse pendant des années, il ne tuait que des oiseaux, car mettre à mort de plus gros gibier le rendait malheureux. Frédéric faisait la cuisine à la maison, mais sa santé se dégradait depuis quelques mois. Il perdait ses clés et même la tête selon son entourage et Marcelle ne voulait plus qu'il conduise. Peu avant le drame, il avait été hospitalisé pendant trois semaines et l'avait très mal vécu. Frédéric voulait alors quitter l'établissement, prétendant ne pas savoir pourquoi il s'y trouvait. Dans l'un des deux centres qu'il a fréquentés, on aurait diagnostiqué la maladie d'Alzheimer. La veille, une voisine avait appelé le couple vers 19h, devant passer les voir. Mais comme il pleuvait, elle avait dit à Marcelle qu'elle allait plutôt passer le lendemain. Rien ne dit qu'elle aurait perçu le moindre signe pouvant empêcher le drame.

En état de démence

En janvier 2018, dans les Deux-Sèvres, un vieillard de 91 ans tue l'une de ses voisines de chambre de la maison de retraite de Celles-sur-Belles. La dame de 84 ans était en fin de vie et son agresseur l'a frappée à mort vers 1h30 du matin avec sa canne. Il est pris sur le fait par les préposés alors qu'il allait s'en prendre à une autre pensionnaire de 86 ans. Cette dernière a été blessée et transportée à l'hôpital. L'homme n'était pourtant pas connu comme un pensionnaire violent. Il semble qu'il ait été pris d'un coup de folie.

Claude Sinké

Le 28 octobre 2019 à 15h20, un homme de 84 ans, Claude Sinké, tente d'incendier la porte de la mosquée de Bayonne. Il est interrompu par deux musulmans âgés de 74 et 78 ans vers qui il fait feu. Il en résultera deux blessés graves. Le tireur, interpellé un peu plus tard, est un ancien candidat d'extrême-droite du Front National (devenu Rassemblement national) s'étant présenté en 2015, lors d'élections départementales. Il n'était cependant plus adhérent à ce parti depuis ces élections. Sinké réside à Saint-Martin-de-Seignanx, à une dizaine de kilomètres de Bayonne et est connu dans la commune pour ses excès verbaux et ses principes extrêmes. Ce jour-là, il d'abord lancé un engin incendiaire sur la porte latérale de la Mosquée puis, lorsque les deux hommes en sont sortis, a tiré sur eux. Il n'y aura pas de procès cependant, car l'homme de 84 ans décède en février 2020. Il était incarcéré depuis le 30 octobre 2019 et bénéficiait d'un suivi médical pour diverses pathologies. Il était accusé de tentative d'assassinat, violences et destruction de bien par un moyen dangereux, en raison de la race ou de la religion. Lors de sa garde à vue, il soutiendra avoir voulu se venger de l'incendie de Notre-Dame qu'il imputait aux musulmans. Des experts avaient estimé qu'il souffrait d'une altération partielle de son discernement bien qu'il soit pénalement responsable de ses gestes. Mais à un moment, son état s'est brusquement détérioré, il a alors été conduit aux urgences où il est décédé.

Okey Payne

Âgé de 95, ans Okey Payne est accusé d'avoir tué par balles un préposé à l'entretien, Ricardo Medina-Rojas, 44 ans, à sa résidence privée le 3 février 2021. Il aurait ensuite pointé son arme sur deux autres personnes pour, par la suite, retourner dans sa chambre où il est arrêté. Il dira aux policiers croire que les gens travaillant sur les lieux étaient au service de son ex-femme afin de le voler. Ajoutant que ces personnes volaient dans son portefeuille et signaient des chèques à sa place, il dira également aux investigateurs que les employés de sa résidence voulaient le tuer. Il comparait pour la première fois le 6 février 2021 et son procès se déroule le 10 février suivant. Accusé de meurtre au premier degré, les avis médicaux soutiennent qu'il n'est pas en mesure de suivre un procès. Il est donc interné au Colorado Mental Health Institute de Pueblo. Okey Payne a des illusions et à son âge avancé refuse de participer aux évaluations. L'homme démontre des signes de démence, présente des difficultés de mémoire à court terme et des problèmes de fonctionnement ainsi que d'orientation dans le temps. Selon les experts, une médication ne suffirait pas à améliorer suffisamment son état. Aucune preuve des accusations qu'il a portées n'a pu être démontrée, il tiendra d'ailleurs les mêmes envers le personnel soignant de l'hôpital où il se trouve actuellement.

Meurtrière à 102 ans

Dans la nuit du 17 au 18 mai 2019, une femme de 92 ans est retrouvée inanimée dans son lit de la maison de retraite de Chézy-sur-Marne dans l'Aisne. C'est une assistante médicale de l'établissement qui la découvre, le visage tuméfié. Les pompiers sont aussitôt appelés et ne peuvent que constater son décès. L'autopsie révèle qu'elle a succombé à de nombreux coups violents portés au visage et à une strangulation. Dans la chambre voisine se trouve une pensionnaire de 102 ans, très agitée, qui déclare voir tué quelqu'un. Elle sera transférée au centre hospitalier de Château-Thierry puis admise dans un établissement psychiatrique. Une enquête pour homicide volontaire sur personne vulnérable est néanmoins ouverte.

C. Perversion

Joachim Toro

Joachim Toro, 83 ans, est jugé à Perpignan (Pyrénées-Orientales). Il a tué à coups de fusil son vieil ami Michel et deux cantonniers qui balayaient près de son domicile de Rivesaltes en mars 2011. Il a ensuite tenté de se suicider, mais n'a réussi qu'à se défigurer. La personnalité du vieillard est énigmatique, au procès on hésite entre ses excuses qui paraissent sincères et un autoportrait satisfait. Ancien plombier, bien aimé dans sa municipalité, c'est un célibataire endurci. Mais au cours de l'enquête, il présente une amnésie suspecte. Son coup de folie meurtrière trouverait sa source quelques minutes avant le drame lors d'un face-à-face houleux avec Halima, une jeune femme de 30 ans, accompagnée de sa cousine sur lesquelles il a d'abord tiré. Le retraité obtenait des faveurs sexuelles de cette femme contre des cadeaux et de l'argent depuis qu'elle était adolescente, il est même question de l'âge de neuf ans. L'octogénaire dit que c'est elle qui a commencé à le solliciter mais qu'il refusait. Puis elle l'a pris par surprise en venant chez lui vêtue d'un pyjama. La jeune femme admettra avoir profité de la situation considérant les largesses du vieil homme. Mais par la suite, au procès, des jeunes femmes se succèdent à la barre et le passé de pédophilie de l'accusé ressort clairement. L'homme payait ses victimes avec des cadeaux. Il sera condamné à trente années de réclusion criminelle pour trois meurtres et deux tentatives de meurtre. En février 2016, il fait appel et comparait en cour d'appel en septembre 2018 pour être à nouveau condamné à la même peine avec une période de sûreté de 20 ans.

D. Jalousie

Marcel Guillot

Marcel Guillot, 93 ans, est condamné à dix années de prison en mars 2014. Quand son avocat lui répète la sentence à l'oreille, il s'exclame : « Dans dix ans je serai mort ! » et verse une larme. La couronne réclamait 18 années de réclusion, mais le jury a considéré qu'il subsistait un doute quant à la conscience et la volonté du vieillard lors de l'agression commise. Il n'a démontré aucun remords et on se demande si c'est du narcissisme ou cette absence au monde et repli sur soi observés chez les personnes très âgées. Au moment du crime, il s'est rendu au domicile de sa victime, Nicole El Dib, 82 ans, qu'il a frappé sauvagement, entraînant de multiples fractures qui ont mené au décès de la victime. Celle-ci est une amie d'enfance de la femme de Guillot, décédée en 2004. En septembre 2011, l'époux de Nicole, avec qui elle demeure dans une grande propriété près du village de St-Gilles, est hospitalisé. Les deux couples sortaient fréquemment ensemble avant le décès de Mme Guillot et elle demande à Guillot de venir résider avec elle quelques semaines pour ne pas rester seule. Lorsque le vieil homme lui confie ses sentiments plus tendres à son égard, elle le somme de quitter les lieux et de ne plus revenir. Humilié, il prépare sa vengeance. La préméditation sera donc retenue contre lui. Il réside alors à Bobigny (Seine-Saint-Denis) et se rend sur les lieux dans la nuit du 6 au 7 décembre 2011. Il entre alors par une fenêtre et rejoint la victime dans sa chambre puis la frappe de plusieurs coups d'un manche en bois puis l'étrangle. Il traîne ensuite le corps de celle-ci jusqu'à sa voiture et tente de la mettre dans le coffre. Mais la jette finalement dans un ruisseau qui traverse la propriété. Il replace ensuite le carreau de la fenêtre qu'il avait enlevé pour entrer et retourne chez lui. Cinq mois plus tard, Guillot est arrêté dans sa caravane d'un camping de l'Ile d'Oléron où il se rend habituellement. C'est une montre abandonnée sur les lieux du crime et qui porte son ADN qui conduira les enquêteurs jusqu'à lui. Selon Marcel Guillot, il n'est pas un assassin, mais la femme lui aurait dit qu'elle prendrait un jeune homme à sa place et il aurait répondu que celui-ci lui mangerait tout son argent. Puis elle aurait donné un coup de poing sur le jeu de scrabble disant : « Tu me prends pour une vieille. » Suite à son arrestation, il est ensuite admis à la prison de Châlons-en-Champagne. Guillot aurait confié au psychiatre consulté qu'il se trouvait mieux en prison qu'en maison de retraite. Surnommé Papy Marcel, il aurait tué par dépit amoureux, mais pour l'accusation il ne s'agit pas d'un crime d'amour, mais bien d'orgueil. Il sera accusé de meurtre sur personnes vulnérables et à 93 ans est condamné à dix ans de réclusion.

E. Légitime défense

Heriberto Pagan

En mars 2014, Heriberto Pagan, 86 ans, ouvre le feu sur son petit-fils Michael Feliciano, 47 ans, et sa fiancée, Claritle Christina Huerta, 28 ans. Cela se produit dans un salon d'une résidence du Park Hill de Rosebank. Il se tue ensuite après avoir conduit sur une courte distance. Selon un voisin, il y avait des tensions depuis longtemps entre les deux hommes et les policiers avaient été appelés sur les lieux à plusieurs reprises, mais l'octogénaire a fini par craquer. Le vieil homme résidait dans la Midwood section de Brooklyn et se rendait souvent chez sa fille Mildred surnommée Milly, atteinte d'un début d'Alzheimer depuis environ dix ans. Pendant les cinq premières années du diagnostic, Heriberto Pagan était venu vivre avec elle pour s'en occuper et payait les factures. Deux ans avant la tragédie, alors qu'il était devenu difficile pour le vieil homme de prendre soin seul de sa fille, Michael, le fils de Millie, et sa conjointe ont emménagé pour prendre la relève. De ce moment, Pagan venait surtout chercher sa fille pour la conduire à l'église, elle est alors âgée de 69 ans. Les policiers sont intervenus 13 fois à cet endroit pendant l'année précédant le drame. Michael était toujours en quête d'argent et cherchait des petits boulots. En fait Pagan croyait que Michael Feliciano, qui a une longue feuille de route comme criminel avec des antécédents de vente et possession de substance illicite, de possession d'objets volés, de vols, d'effractions et de petits larcins, prenait avantage de la maladie de sa fille. Il semble en effet que Milly était parvenue au même constat et en avait assez. Elle avait demandé à son fils de quitter sa demeure, ayant même entrepris une procédure d'éviction à son égard. Au moment du drame, Heriberto Pagan a attendu que Milly soit en voyage à Puerto Rico avant de confronter son petit-fils à la maison et de tirer une décharge d'arme à feu sur celui-ci à l'extérieur de la résidence pour, ensuite, entrer et s'en prendre à son amie de cœur et l'abattre à son tour. Elle sera déclarée morte à son arrivée à l'hôpital de Staten Island University Hospital North alors que Feliciano s'en tirera. Le vieil homme s'enfuit ensuite dans sa voiture Mitsubishi Galant pour se loger une balle dans la tête un coin de rue plus loin. L'enfant de quatre mois du couple a été retrouvé sur les lieux, sain et sauf. Michael Feliciano a quitté l'hôpital le lendemain de l'agression. Une source a indiqué qu'un juge avait approuvé l'avis d'éviction de Michael et de sa conjointe, mais que le shérif n'avait pas encore reçu les papiers pour exécuter le jugement.

Face à un intrus

Dans la nuit du 8 au 9 mars 2020, un cambrioleur, Mehdi Hamed, s'introduit dans l'appartement d'un homme de 86 ans de Saint-Cyprien dans les Pyrénées Orientales. Le vieil homme dort, mais est réveillé par l'intrus qui passe par sa fenêtre. Il s'empare alors d'un grand couteau de cuisine qu'il conserve près de sa tête de lit. Le cambrioleur attrape le vieil homme par son pyjama et fait tomber son dentier. Au moment où le voleur se penche pour prendre son sac, le vieillard lui assène cinq coups de couteau. Le cambrioleur parvient à s'enfuir pour s'effondrer une soixantaine de mètres plus loin et décède. L'agresseur raconte aux policiers ce qui s'est produit. Au départ, il est accusé de meurtre puis, en août 2021, de violences volontaires ayant entraîné la mort sans intention de la donner. En avril 2022, il bénéficie d'un non-lieu, la justice ayant reconnu la légitime défense. Il ne subira donc pas de procès.

F. Mobile financier

Clara Maes

En octobre 2015, on apprend que la meurtrière de la nonagénaire Suzanne Thibeau est une infirmière à la retraite, âgée de 84 ans au moment des faits. Clara Maes était une proche de la victime qui a été retrouvée morte à son domicile le 3 janvier 2015. Une voisine a découvert le corps de la vieille dame baignant dans son sang. Elle avait rencontré à plusieurs reprises l'inculpée. Celle-ci est une résidente de Libramont en Belgique. La victime avait révélé à ce témoin que Maes était très dure avec elle, mais qu'elle lui rendait visite chaque matin et faisait ses courses, ce qui permettait de supporter ses sautes d'humeur. La meurtrière avait d'ailleurs la réputation d'être dure, rigide, mais efficace. Son caractère avait cependant changé après le décès de son époux et de son fils. Le meurtre n'a d'abord pas été reconnu et c'est en fait l'entrepreneur de pompes funèbres, René Grandjean, qui a remarqué une entaille sur la nuque de la victime puis interpellé la machine judiciaire. Le médecin à l'urgence avait diagnostiqué une fracture du crâne consécutive à une chute, mais l'autopsie a révélé que la femme n'était pas décédée de mort naturelle mais tuée de plusieurs coups de couteau. La victime avait reçu la visite de son amie Clara en matinée avant la découverte de son corps en début d'après-midi. Cette dernière est devenue la suspecte n° 1 quand a été relevée l'absence d'effraction chez la victime d'une part et les incohérences de ses explications concernant, d'autre part, un changement de vêtements au cours de la journée du 3 janvier. Des traces d'ADN de la victime ont par ailleurs été retrouvées dans le véhicule de la suspecte qui s'était vraisemblablement tachée du sang de celle-ci. Mme Thibeau, 93 ans, avait nommé Maes légataire de sa fortune. L'enquête a démontré que les relations s'étaient dégradées entre les deux femmes, Suzanne trouvant que Clara s'ingérait trop dans sa vie. Il est possible qu'elle ait mentionné vouloir modifier son testament, Clara était alors légataire de son patrimoine à hauteur de 70% et une cousine pour 30%. Elle était également bénéficiaire d'une donation de 300 000 euros selon un acte notarial daté de septembre 2014. Trouvée coupable, Clara Maes, 89 ans, est condamnée à dix ans de prison.

G. Compassion

Un conjoint sans recours

En 2007, débute à Créteil, Val-de-Marne, le procès d'un retraité de 86 ans jugé pour le meurtre de sa femme atteinte de la maladie d'Alzheimer. Ancien charcutier, il raconte le drame du 9 janvier 2003. Ce jour-là, c'est la veille de son 82e anniversaire et il étrangle son épouse à leur domicile de Plessis-Trévise. Celle-ci est malade depuis deux ans et son état se dégrade depuis deux mois. De plus, sa maladie la rend colérique. Hospitalisée à Bry-sur-Marne en décembre, elle quitte les lieux malgré le désir du vieil homme de ne pas avoir sa femme à la maison, considérant que ce n'était pas sa place. Le médecin lui a répondu qu'il était grand et fort et allait rentrer à la maison avec elle. Selon un voisin, le retraité avait perdu 13kg en quelques mois et était épuisé. Le couple était pourtant uni depuis 50 ans. Le matin du meurtre, la victime est très agressive et c'est peut-être ce qui a déclenché le drame. L'homme de 86 ans est condamné à un an avec sursis, sa place n'étant pas en prison selon l'avocat général.

Raoul L.

Le 7 décembre 2016, Raoul L., 90 ans, résidant à Boissy-le-Châtel en Seine-et-Marne, appelle les pompiers disant avoir tué sa femme de 88 ans. Calmement, il explique que celle-ci était atteinte d'Alzheimer et lui avait demandé d'abréger ses souffrances. Il ajoute s'être servi d'un fusil de chasse et compte maintenant retourner l'arme contre lui pour la rejoindre. Les pompiers se rendent aussitôt dans la petite maison blanche située sur la rue de la Grange aux Dîmes où le corps de l'épouse gît dans la chambre dans une mare de sang. Raoul respire encore, mais sa mâchoire et sa cavité nasale ont explosé sous la balle qu'il s'est tirée. Il sera transporté à l'hôpital de la Salpêtrière à Paris où ses jours ne sont plus en danger. Décrit comme un homme respectueux, cultivé et gentil, mais semblant fatigué dernièrement, le drame n'a jamais été soupçonné. Au patron d'un bar voisin, il avait expliqué que sa femme s'était occupée de lui toute sa vie et que c'était maintenant à son tour de lui rendre la pareille. L'état de la femme de 88 ans s'alourdissait cependant chaque jour, mais il refusait de la confier à une institution spécialisée. Il était environ 0h45 quand Raoul a appelé les pompiers. C'est un homme reconnu comme intéressant et poli, avec une connaissance pointue de plusieurs sujets, mais épuisé par son mode de vie harassant. Il a survécu à sa tentative de suicide, mais je n'ai pas trouvé de suite à son histoire.

H. Par amour

Le 27 mars 2017, un homme de 85 ans tire sur sa femme alors qu'ils se trouvent sur le parking de l'Ehpad des Capucins à Saint-Brieuc (Côte-d'Armor). La femme y réside depuis quelques années et se trouve dans son fauteuil roulant lorsqu'elle est touchée au cou. À l'arrivée des pompiers, la victime est en arrêt cardiaque, mais peut être ranimée pour être conduite aux urgences. La dame âgée de 82 ans décède cependant quelques heures après son arrivée à l'hôpital de Saint-Brieuc. Son époux n'aurait pas supporté la dégradation de l'état de santé de son épouse qu'il venait voir tous les jours. Il était très attentionné et attaché à elle selon les employés de la résidence de retraite. Il a été placé en garde à vue après son interpellation sur le parking. Peu après, en raison de son état de santé, le médecin l'a placé d'office dans un hôpital psychiatrique. L'homme aurait dit aux policiers de Saint-Brieuc ne plus pouvoir supporter de voir ainsi sa femme diminuée et affaiblie.

Un désespéré de 93 ans.

3 novembre 2020, un homme de 93 ans, à Poncault-Combault en Seine-et-Marne, vit avec sa femme de 89 ans, handicapée physique. À un moment, celle-ci chute et il se précipite pour la relever comme à son habitude, mais n'y parvient pas. Il se rend alors à la cuisine, empoigne un couteau de cuisine et poignarde sa conjointe à plusieurs reprises. Puis il se pend. C'est l'infirmière à domicile qui fera la macabre découverte. La femme grièvement blessée a été transportée à l'hôpital où elle souffre de blessures sérieuses, mais sa vie n'est pas en danger.

Mort d'un couple âgé

Alpes-de-Haute-Provence, 9 décembre 2020. Un couple d'octogénaires est retrouvé mort par armes à feu dans leur domicile près du village de Dauphin. Le premier corps est retrouvé dans la maison et le second dans le jardin. L'homme âgé de 86 ans aurait tué sa femme âgée de 81 ans pour ensuite se donner la mort. Personnes appréciées de leur voisinage, il y a peu de détails sur la tragédie.

Unis jusqu'à la mort

Le 26 décembre 2020, les corps de deux octogénaires sont découverts à leur domicile de St-Aubin-lès-Elboeuf en Seine maritime. Âgés de 81 et 83 ans, l'homme est retrouvé pendu. La piste d'un meurtre suivi d'un suicide est privilégiée. Aucun écrit n'est découvert dans la maison et une autopsie sera pratiquée sur les corps. Résident d'un quartier tranquille, il semble que le vieil homme se soit donné la mort après avoir tué sa conjointe dont il ne voulait pas se séparer. L'enquête s'oriente vers un drame familial.

Pacte de suicide

À Gujan-Mestras en France, un couple, soit un homme de 80 ans et sa femme de 87 ans, sont découverts décédés à leur domicile par l'infirmière qui les visite en ce 7 mars 2021. C'est pourtant un dimanche matin tranquille. Tous deux sont décédés par arme à feu et rien ne démontre une intervention extérieure. Il pourrait donc s'agir d'un meurtre suivi d'un suicide. Une lettre adressée aux trois enfants de la femme aurait été découverte et semble indiquer un pacte de suicide. Les autorités sont convaincues que l'homme a tué sa femme avant de retourner l'arme contre lui.

I. Désespoir

Tragique conclusion

Un homme de 81 ans, armé d'un fusil de chasse, a abattu sa femme de 78 ans dans leur domicile de Méry en Savoie, le 31 mai 2021. Il a tiré sur sa victime qui se trouvait dans sa chambre vers 6h30 du matin puis s'est assis sur une chaise dans le jardin ou devant leur maison, les témoignages varient à ce sujet. Il a ensuite retourné l'arme contre lui. C'est l'employée chargée de livrer leur repas à domicile qui a fait la découverte des corps bien que les voisins aient entendu deux détonations plus tôt dans la matinée. L'homme n'a pas laissé de lettre explicative pour son geste. C'est un ancien maire du village et il n'y avait aucun signalement de violences conjugales dans ce couple. Mais il y aurait eu un problème d'alcool chez cet homme et une tendance, dans cet état, à rabaisser sa conjointe en proie à des problèmes de dépression. Rien cependant n'explique son geste à ce moment.

Le meurtre par compassion semble plus présent chez les criminels plus âgés, surtout à une époque récente. Il convient de s'interroger sur l'assistance que l'on fournit à des personnes aidantes et à leurs conjoint(e)s demandant de plus en plus de soins à domicile. Une telle situation suscite un épuisement auquel ne peut répondre l'aidant naturel en raison de sa propre condition physique et parfois mentale. Le meurtre par compassion est toujours délicat à déterminer, l'individu a-t-il voulu se libérer lui-même ou réellement aider la personne en souffrance ? Parfois, le meurtre suivi d'un suicide démontre que c'était bien une délivrance pour tous deux qui était recherchée. Le problème vient-il d'un manque de recherche de soutien de la part des personnes concernées ou du fait qu'il est impossible de trouver cette aide malgré tous les efforts déployés ? Quoi qu'il en soit, le choix d'une telle solution extrême leur appartient et la faute ne peut être mise entièrement sur le manque de support sociétal. Pour certains d'ailleurs, la personne déficiente obtenait bien un support adéquat, du moins partiellement. Une résolution de problème consiste à générer une stratégie ou une solution pour résoudre une difficulté, il est évident que celle-ci entre dans l'étude du crime chez la personne âgée. Les étapes en sont d'évaluer la situation, prendre conscience de la solution à atteindre, mettre en place des stratégies de résolution et évaluer l'efficacité de la solution. Des chercheurs croient que l'expérience des aînés suffit à compenser divers déclins de performance surtout devant une situation familière. Ils choisiraient donc la meilleure solution en raison de l'expertise assimilée au cours de leur vie. La seconde théorie veut que la faculté de prise de décision diminue en même temps que les autres facultés de l'individu lors du vieillissement. Plusieurs variables peuvent cependant entrer en jeu. Selon une étude menée en 2005 par Thorton et Dumke, la résolution de problèmes et la prise de décisions sont moins efficaces chez les personnes de 60 ans et plus. À un âge plus avancé, le déclin des facultés cognitives ne compenserait donc pas l'expérience acquise pour la résolution de problème, ce qui peut intervenir lors de l'évaluation d'une situation particulière par une personne âgée. Une telle diminution d'habileté ne change pas grand-chose pour la vie quotidienne, mais peut intervenir lors de situation plus extrême, soit lors de conflit majeur.

Par ailleurs, si l'expérience peut se révéler positive, elle peut également mener au fait que la personne ne se questionne pas suffisamment ni ne prend d'avis externe pour l'aider à résoudre une situation problématique. Dans les cas de certains meurtres que nous avons examinés, il est évident qu'un manque de support est en jeu. En effet, si les individus avaient trouvé de l'aide adéquate leur permettant de pouvoir « respirer » et conserver leur énergie, sans doute que plusieurs drames auraient été évités. Même si leur conjoint ou conjointe voit sa situation physique ou mentale se détériorer, si le support et l'aide sont adéquats il y a souvent moyen d'amoindrir les soins demandés ou, à tout le moins, de les partager suffisamment pour ne pas épuiser les aidants naturels. Également, les gens ayant recours à une solution désespérée sont souvent des individus démunis financièrement, ce qui les empêche de recourir à de l'aide, que ce soit une infirmière ou une personne pour l'entretien par exemple. Malgré tout, il faut admettre que l'individu conserve toujours une certaine possibilité de choisir la direction qu'il donnera à sa vie.

Il est évident, pour la majorité des chercheurs, que l'avancée en âge modifie les performances intellectuelles à la baisse, pour diverses raisons. Est-ce que cet aspect mène à envisager moins de solutions à un problème parfois récurrent ? Selon une étude de Finkel et ses collaborateurs (2003), qui ont suivi près de 600 sujets pendant six ans, le déclin de certaines habiletés intellectuelles, mais pas toutes, s'accélère lors du passage de l'âge adulte à un âge plus avancé. Le déclin s'accélère vers l'âge de 65 ans pour l'intelligence fluide, la mémoire et la vitesse perceptive alors que l'intelligence cristallisée demeure stable jusqu'à 79 ans avant de décliner. Les habiletés intellectuelles des hommes et des femmes diminueraient au même rythme. L'étude berlinoise BASE-I (Berlin Aging Study, 2012) indique que les habiletés intellectuelles mesurées diminuent avec l'âge, mais à des degrés différents. Les habiletés plus mécaniques seraient les plus touchées. Il y a par ailleurs un déclin de la mémoire, de la vitesse perceptive et de la fluidité verbale, mais la connaissance demeure stable jusqu'à un âge très avancé. Le vieillissement entraîne donc un déclin de diverses facultés, mais non de manière homogène parmi la population et de façons variables selon les habiletés.

La diminution des performances cognitives avec l'âge serait également liée à la vitesse de traitement des informations qui peut rejoindre la difficulté de traiter, de manière simultanée, plusieurs informations survenant et apparaissant difficiles à traiter en même temps. D'autres signalent que la baisse du fonctionnement sensoriel à plusieurs niveaux, ouïe, vue, etc. peut également être en cause dans cet aspect. Par ailleurs il y a également une diminution de la mémoire de travail ainsi que de l'attention sélective d'où résulte une difficulté à sélectionner les éléments réellement importants pour étudier une situation à régler, ralentissant ainsi le processus d'analyse. Des aspects biologiques du vieillissement peuvent également être reliés à la diminution de certaines capacités intellectuelles, dont l'hypertension artérielle.

Dans le même ordre d'idées, la personne âgée qui constate une diminution de sa santé et de diverses facultés peut ressentir une augmentation de facteurs anxiogènes. L'individu se demande alors s'il sera apte à agir de manière adéquate face à une problématique rencontrée. Hans Selye, qui a notamment contribué à la recherche concernant le stress, a identifié trois phases de réaction au stress : d'alarme, de réaction et d'épuisement. L'accumulation de divers événements chez la personne âgée, soit un décès dans l'entourage, une obligation de quitter sa demeure, notamment, peut entraîner des répercussions importantes sur la santé et le bien-être psychologique de l'individu. Sont parfois également présents des problèmes chroniques, comme des difficultés relationnelles avec un voisin ou un parent proche, des difficultés financières, des problèmes de santé et de manque de services qui se perpétuent et contribuent à augmenter le stress chez la personne qui se sent de plus en plus démunie. Ce qui mène à une difficulté d'adaptation à la situation ou à trouver une résolution de problème réaliste ou encore adéquate. La réaction à un élément stressant tient à l'aspect cognitif de l'individu lui permettant d'analyser celui-ci afin de pouvoir songer à diverses stratégies ou demandes d'aide ainsi qu'aux traits de caractère de la personne elle-même et de ses méthodes de réaction habituelles. L'accès à des ressources et à la capacité ou la volonté d'y faire appel jouent également. Selon certaines études, les personnes âgées sont moins portées que les jeunes adultes ou adolescents à utiliser des stratégies défensives ou agressives et sont plus enclines à réprimer leurs émotions et pensées spontanées envers la situation rencontrée.

Le vieillissement peut encore engendrer diverses formes de démence affectant ainsi le caractère de la personne atteinte tout comme ses réactions. Après la maladie d'Alzheimer, la démence vasculaire est la deuxième atteinte la plus fréquente. Elle peut se déclarer subitement après un AVC ou encore après une série de petits AVC qui passent parfois inaperçus, mais laissent des traces. La dégénérescence fronto-temporale, dont la maladie de Pick est une forme, entraîne des troubles du comportement et de la personnalité tels la désinhibition, le repli sur soi, l'apathie, la négligence physique, la perte des convenances et l'impulsivité. Chez certaines personnes atteintes de démence, on note des comportements agressifs, verbaux ou physiques, affectant autant l'entourage familial qu'hospitalier ou en foyer. Diverses interventions, autant psychosociales que médicales, peuvent être mises en place, mais il est parfois difficile de prédire un comportement qui atteindra un degré de violence insoupçonné.

L'hypothèse de la maladie d'Alvarez n'est pas à dédaigner pour tenter d'expliquer des comportements inhabituels chez les aînés. Le Dr Walter Clement Alvarez étudia, aux USA, des symptômes ténus, mais inquiétants. Ces signes précédaient les attaques cérébrales ou se substituaient à elles. En France, on parle d'ictus. Il s'agit d'imperceptibles accidents vasculaires ou de ruptures de micro-anévrismes. Les crises sont soudaines, discrètes et engendrent de nombreuses et infimes nécroses cérébrales qui frappent n'importe quelle zone du cerveau, perturbant l'irrigation sanguine et l'oxygénation. Les conséquences vont de l'anémie temporaire aux spasmes vasculaires, aux vertiges légers, aux troubles de la coordination des mouvements ou du langage. L'humeur peut également se modifier, il peut y avoir des aberrations, des obnubilations. Certains patients ayant auparavant un caractère ouvert et amène peuvent devenir introvertis et renfermés. D'autres réagissent plus fortement à l'anxiété. Cette maladie se traduit par une modification intermittente de l'humeur, des somnolences, des égarements intellectuels, des pertes de mémoire et une absence de coordination de la pensée. Ayant de la difficulté à se concentrer, ils ne prennent plus de décisions tout simplement. Par ailleurs, l'artériosclérose cérébrale peut mener à la paranoïa. Ces problématiques médicales sont donc en mesure d'expliquer divers comportements inadéquats et violents de la part de personnes âgées. D'autres, cependant, ont démontré des tendances à la violence tout au long de leur vie, ce qui mène à une question intéressante : qu'en est-il des tueurs en série qui avancent en âge ? Jusqu'à quand ces individus criminalisés doivent-ils être considérés comme dangereux ? Existe-t-il un moment où ils cessent de ressentir cette pulsion meurtrière ou cette envie de tuer ? Le prochain chapitre cherche une réponse à ces questions.

5

Les tueurs en série cessent-ils de tuer avec l'âge ?

Un criminel est qualifié de tueur en série lorsqu'il commet plus de trois meurtres au cours d'un certain laps de temps. Il est à distinguer de l'individu qui tue plus d'une victime lors d'une même occasion et que l'on appelle *spree killer* ou *tueur de masse*. On associe souvent le tueur en série à un psychopathe, mot qui provient du terme grec ancien *psykhê* qui signifie « âme, esprit, état mental » et *pathos* qui signifie « ce qu'on éprouve et qui affecte le corps ou l'âme en bien ou en mal ». Les psychologues utilisent maintenant l'appellation *trouble de la personnalité* pour désigner une semblable problématique. Néanmoins, le terme de psychopathe est toujours utilisé par plusieurs intervenants et, connu de la population en général, toujours en usage. Pour ceux que le sujet intéresse tout particulièrement, voir mon ouvrage sur le sujet [1]. L'âge moyen de ces meurtriers, qui se révèlent habituellement plus intelligents que la moyenne, est de 27 ans au moment du premier crime. Mais qu'en est-il de la durée de leurs actes ? Cessent-ils de tuer à un moment ou persévèrent-ils à assouvir leurs bas instincts jusqu'à un âge avancé ? Il m'a semblé intéressant de considérer les cas de tueurs en série capturés alors qu'ils étaient encore actifs et âgés dans la cinquantaine et plus, considérant qu'il s'agit d'un âge où la criminalité est en baisse selon les statistiques. Certains nous ont échappé à travers l'histoire dont le célèbre Jack l'éventreur. Pourquoi ? Simplement parce qu'ils ont cessé de tuer. Autrefois les experts croyaient qu'un tueur en série ne cessait ses crimes que s'il était mort ou en prison, c'est fort probablement faux. Certains ne font plus parler d'eux après un moment et tout indique

---

1. *Les tueurs en série. Typologie selon le choix des victimes et le mode de prédation*, Presses de l'Université Laval, 2016.

qu'ils n'aient plus commis de crime. Il est toujours possible qu'ils aient modifié leur modus operandi ou encore changer de lieu de résidence amenant ainsi une difficulté grandissante à associer leurs crimes entre eux. Cependant plusieurs tueurs en latence pendant un moment ont repris leurs activités après plusieurs années. D'autres, capturés bien après leurs premiers crimes, ont démontré n'avoir plus commis d'actes illégaux pendant les années subséquentes. Néanmoins il convient de constater que plusieurs d'entre eux demeurent des dangers pour la société.

Mary-Élisabeth Wilson

Au début de 1958, les assises de Leeds, en Angleterre, condamnent à mort une septuagénaire, Mary-Élisabeth Wilson, pour les meurtres de ses époux successifs ainsi que d'un ami. Cette vieille dame employait un poison, le phosphore, pour commettre ses crimes. De son nom de jeune fille Mary-Elisabeth Cassidy, sa peine sera commuée en une peine de prison à perpétuité. Née en 1889, elle épouse d'abord John Knowles en novembre 1914. L'homme meurt en 1955 et cinq mois plus tard elle épouse John Russell qui résidait déjà avec elle et son époux avant le décès de celui-ci. Russell meurt fin 1956 ou début 1957. Le médecin déclarant que les deux hommes sont décédés de mort naturelle, elle hérite des biens de ceux-ci. En juin 1957 Mary-Élisabeth épouse Oliver Leonard qui décède 12 jours plus tard. Rapidement, elle convole à nouveau en justes noces avec Ernest Wilson qui décédera dans l'année. De toute évidence peu éplorée, la femme blague en disant que les sandwichs de son mariage sont encore bons pour les funérailles. Ce qui attire l'attention de la police, tout comme la fréquence des décès de ses époux successifs. On exhume ses deux plus anciens conjoints pour découvrir du phosphore dans leurs dépouilles, puis on exhume ses deux plus récents époux avec les mêmes résultats. Sa condamnation à mort sera commuée en peine à perpétuité et elle décédera à la prison de Holloway de cause naturelle en 1962.

John Reginald Halliday Christie

En 1949, Timothy Evans, résidant au 10 Rillington Place dans le quartier de Ladbroke à Nothing Hill en Angleterre, est accusé d'avoir tué sa femme et son enfant. Il est reconnu coupable et pendu. Son voisin de l'époque, John Christie, après avoir vécu plusieurs années dans un appartement du rez-de-chaussée, quitte les lieux. Le propriétaire n'est pas mécontent de ce départ, car ce dernier provoquait du désordre. Son épouse étant partie depuis un certain temps, il y amenait plusieurs femmes peu recommandables qui demeuraient sur place quelques heures ou quelques jours. Christie, curieusement, appliquait du désinfectant quotidiennement dans son appartement ainsi que de chaque côté de l'allée de l'immeuble et dans la cour. À son départ, il raconte aux nouveaux locataires, les Brown, qu'il est muté à Birmingham et que sa femme l'y a précédé. Le nouvel arrivant commence à faire le ménage et découvre des piles de vêtements ainsi que des détritus qu'il met d'abord dans la cour près de la buanderie. Il commence ensuite à effectuer quelques travaux et remarque un endroit idéal pour accrocher une étagère. Il donne quelques coups de marteau sur le mur qui curieusement semble creux. Étonné, il déchire le papier peint et découvre qu'il s'agit d'une porte de placard. Brown ouvre celui-ci et court aussitôt chez l'autre locataire de l'immeuble afin qu'il vienne constater la présence d'un corps de femme dans le réduit. Les policiers alertés envahissent le logement et y trouvent plusieurs cadavres. La première victime visible de Christie est découverte attachée avec un soutien-gorge à une couverture qui enveloppe une autre victime. Derrière elles, se trouve un troisième corps emballé dans un vieux plaid noué aux chevilles avec du fil de nylon. Les trois femmes ont été étranglées. Le lendemain matin, on trouve un quatrième corps sous le plancher du salon, c'est le cadavre de la femme de Christie. En fouillant le jardin, on trouve deux squelettes de femmes qui y sont vraisemblablement enterrées depuis environ dix ans, le crâne de l'une d'elles est manquant. Le médecin légiste déclare que ces femmes ont été violées et étranglées.

Activement recherché, Christie, après avoir quitté son appartement, a pris une location pour une semaine dans une maison de chambres. Il erre ensuite au hasard dans les quartiers à la périphérie de Londres puis revient vers North Kensington où il passe ses journées dans des cafés. L'assassin échappera aux policiers pendant dix jours puis, affamé, épuisé, sans argent, contacte Norman Rae, un reporter du *News of the World*, le 29 mars 1953 à 23h20, et déclare vouloir lui raconter son histoire en échange d'un repas. Rae accepte, mais précise qu'ensuite il devra appeler la police, ce dont convient John Christie. Cependant, alors que le journaliste et son chauffeur attendent le tueur en cavale, celui-ci voit deux policiers effectuer leur ronde par hasard dans les environs. Il se croit trahi et s'enfuit. Deux jours plus tard, le 31 mars, un policier voit un homme appuyé à une balustrade et l'observe pendant un moment. Il s'approche pour l'interroger puis reconnaît Christie qu'il met en état d'arrestation. Dans ses poches, on trouve des coupures de journaux datées de 1950 et traitant de l'affaire Evans.

Christie et sa femme sont arrivés au 10 Rillington Place en 1938, il a alors 40 ans. Pendant la guerre, il est auxiliaire de police à la brigade de réserve de Harrow Road dans l'ouest de Londres. Timide, il ne se mêle pas aux autres, mais accomplit du bon travail. Né en avril 1898, à Halifax au nord de l'Angleterre, il a mauvais caractère et, étant quelque peu mesquin, a peu d'amis. Il affiche une obsession de la propreté corporelle et tente d'être impeccable en tout temps. Scout modèle, il devient même sous-chef dans cette organisation, a de bons résultats en classe et est adroit de ses mains. À la mort de sa grand-mère, alors qu'il est âgé de huit ans, il ressent à la fois du plaisir et de la fascination face au corps de celle-ci. De 1939 à 1943, Christie est auxiliaire de police mais, surpris à voler, il est congédié et son père le chasse. Il exerce ensuite plusieurs métiers et dort sur un lopin de terre appartenant à son père pendant que sa mère lui apporte de la nourriture en cachette. À 18 ans, il est mobilisé pour la première guerre mondiale et, gazé deux ans plus tard, reçoit une pension de vétéran. Il épouse ensuite Ethel Waddkington en 1920. C'est une jeune femme de 18 ans, simple, tranquille et soumise. Un an plus tard, il travaille comme postier, mais vole encore et écope de neuf mois de prison. En 1922, il comparait à nouveau pour avoir volé l'identité d'un ancien officier et pour actes de violence, le juge le relaxe pour la première accusation et lui accorde un sursis pour la seconde. En 1924, il passe neuf mois en prison pour vol. Sa femme le quitte ensuite et en 1929, il agresse une prostituée avec laquelle il vivait et écope de six mois de travaux forcés pour tentative de meurtre. En 1933, c'est un nouveau séjour en prison pour vol de voiture. Il écrit ensuite à Ethel pour lui proposer de reprendre la vie commune ce qu'elle accepte. Elle restera avec lui jusqu'à ce qu'il la tue.

Les Evans, quant à eux, s'installent au 10 Rillington Place en 1948. Le couple attend un deuxième enfant alors que leurs moyens financiers sont déjà très insuffisants. Christie propose donc d'avorter Mme Evans. Il possède des livres de médecine et s'intéresse depuis longtemps à ce sujet, il se croit donc apte à pratiquer une telle intervention. Le 8 novembre 1949, il avoue à Evans que l'avortement a échoué, que sa femme est morte et persuade celui-ci de se débarrasser du corps le rendant ainsi complice de son crime. Il promet à Evans qu'il trouvera quelqu'un pour prendre soin de sa petite fille Géraldine âgée de 14 mois. Mais Evans, torturé par le remords, se livre à la police le 30 novembre 1949 et parle d'un accident. Il ne met pas en cause Christie disant s'être procuré un remède pour provoquer les fausses couches et il prétend que la tentative d'avortement a mal tourné. Il raconte avoir jeté le corps dans les égouts, mais les policiers ne retrouvent pas celui-ci. Il est donc interrogé à nouveau et cette fois implique Christie. Ce dernier, très habile, parle des disputes du couple et charge le veuf encore plus. On fouille alors la maison et le corps de Mme Evans est retrouvé, derrière une pile de bois. Le cadavre de la petite Géraldine est découvert derrière une porte avec une cravate serrée autour du cou. Evans, jugé coupable, sera pendu.

Christie occupera ensuite son appartement pendant 15 ans. Avant la découverte des deux derniers squelettes, il prétendait que les décès des cadavres retrouvés étaient accidentels et qu'il avait temporairement perdu la raison, mais finira par avouer ses crimes, dont celui de Beryl Evans. Il niera toujours cependant avoir tué la fillette. Il prétend avoir tué sa femme par pitié, car elle souffrait d'insomnie, son médecin lui avait d'ailleurs prescrit des sédatifs et des somnifères. Après le début de sa confession, Christie devient intarissable et donne de nombreux détails autant aux journalistes qu'au tribunal. Il est ensuite enfermé à la prison de Brixton où il se vante de ses exploits et compare même ses meurtres à la première œuvre d'un peintre. Il haïssait les femmes effrontées et semblait avoir peur des femmes trop provocantes. Selon son mode opératoire, il offrait une tasse de thé rituelle à ses victimes pour ensuite leur présenter un inhalateur supposément relié à de l'eau parfumée, mais plutôt joint à une canalisation de gaz. Lorsque ses victimes devenaient somnolentes, il les violait puis les étranglait. Il tuera à deux reprises avant de s'arrêter pendant dix ans puis étrangle sa femme le 14 décembre 1952, soutenant un désir de la soulager car, selon lui, elle était devenue vieille et rhumatisante. Il ajoute qu'elle lui manque beaucoup. Il vivra ensuite dans son appartement avec son chat et son chien qu'il adore. Christie soutiendra avoir permis à ses victimes de « partir en beauté », mais ne plaide pas coupable pour autant et, calculateur, tente d'excuser ses crimes. Comme il sait que personne n'admettra le meurtre d'un enfant, il niera toujours être responsable de la mort de la petite Géraldine. Le ministère public ayant fait exécuter Evans n'a pas non plus intérêt à modifier la condamnation de ce dernier. John Christie plaide donc la folie bien que la préméditation soit évidente. Selon l'avis d'un psychiatre, il cherche à être reconnu comme un membre respectable de la société et est par ailleurs très habile à manier les individus naïfs. Dans son appartement, est retrouvé un pot à tabac contenant quatre touffes de poils pubiens dont l'une semble appartenir à sa femme, deux pourraient appartenir à deux des cadavres enterrés, l'autre demeurant d'origine inconnue. Au procès, il prétend ignorer d'où proviennent ces poils, mais ajoute qu'il est possible qu'il ait fait d'autres victimes que les sept meurtres qu'il a avoués. Trois de celles-ci étaient des prostituées et s'il donnait l'apparence d'un époux respectable, Christie était surtout un malade sexuel violent. Il déclarera savoir depuis des années devoir tuer dix femmes et, qu'ensuite, sa tâche serait achevée. Il sera déclaré coupable et le juge Justice Finnemore proclamera sa sentence de mort qui sera exécutée le 15 juillet 1953 à la prison de Pentonville, à Londres. Plusieurs questions demeurent néanmoins suite à son exécution dont les dessous de l'affaire Evans.

Mack Ray Edwards

Le 6 août 1956, Brenda Howell, 12 ans, et Donald Lee Baker, 15 ans, se rendent à bicyclette explorer le San Gabriel Canyon, situé près de Glendora Mountain Road en Caroline du Nord. Ils ne seront jamais revus. Une recherche massive est organisée par la police conjointement avec du personnel de la Navy et des centaines de volontaires, mais demeure sans succès. Après quelques jours, la bicyclette de Brenda et la jacket de Donald sont retrouvées près de Morris Dam, à quelques centaines de mètres du dernier lieu où ils ont été vus. Deux mois plus tard, la bicyclette de Donald est retrouvée à la Glendora Elementary School. Un étudiant dira l'avoir trouvée dans la forêt peu de temps après la disparition des enfants. Le 23 mars 1957, Eldon Bowman et son beau-frère Gordon Wicks font une excursion dans l'Arroyo Seco à Altadena en Californie, en compagnie de leurs jeunes enfants dont le plus âgé est Tommy Bowman, huit ans. Au cours de la randonnée, le jeune garçon court devant le groupe et à un moment on le perd de vue. Il n'y aura plus de traces de l'enfant, bien que leur résidence soit située à moins d'un kilomètre des lieux. Tommy demeure introuvable malgré les recherches organisées avec des chiens et des avions. Deux semaines plus tard, une lettre anonyme parvient à la famille Bowman disant que le garçon est en vie et en compagnie d'un adulte non identifié. Une autre lettre mentionnera qu'il vit en Oklahoma, mais cela ne mènera pas à retrouver l'enfant qui ne sera jamais revu. Le 12 juillet 1960, Bruce Howard Kremen, six ans, est en voyage de camping avec le YMCA parmi un groupe d'environ 80 enfants et adultes à Buckhorn Flat à l'Angeles National Forest, en Californie. Ce jour-là, Bruce débute une expédition avec le groupe, mais il se sent fatigué et préfère retourner au camp, le moniteur le suit des yeux jusqu'à ce qu'il soit arrivé puis part avec le reste des enfants. Bruce ne rejoindra pas le camp cependant et, quelques minutes plus tard, on réalise son absence. Une alerte est aussitôt lancée. La police et des volontaires se joignent bientôt aux recherches, mais aucun signe de l'enfant ne sera découvert.

Le 6 mars 1970, un dénommé Mack Ray Edwards, 51 ans, se rend au Los Angeles Police Department de Foothill station et confesse calmement avoir abusé sexuellement et tué six enfants entre les années 1953 et 1970, dont Brenda Howell et Donald Baker. En compagnie d'un complice adolescent, il venait tout juste d'enlever trois filles à leur domicile. Celles-ci s'étant échappées et convaincu que, de toute manière, il serait bientôt arrêté, il a préféré se rendre aux autorités. Les policiers demandent à Edwards de les conduire aux corps et il accepte. Cependant jamais ceux-ci ne seront retrouvés. Il est néanmoins évident que l'homme est un agresseur d'enfants récidiviste et il est confondu pour au moins trois meurtres dont ceux de Gary Rochet, 16 ans, Donald Allen Todd, 13 ans et Stella Darlene Nolan, huit ans. Mais il est également suspecté des morts de Brenda Howell, Donald Baker, Tommy Bowman, Roger Dale Madison, 15 ans, Howard Kremen et peut-être plusieurs autres. Pendant son procès et sa période d'emprisonnement, Edwards a toujours persisté à se dire responsable de ces disparitions, au total 18 enfants auraient péri de sa main autour du Los Angeles County. L'homme opérait de l'équipement lourd à ce moment, comme travailleur de construction sur les routes. Il ne put cependant être relié à plusieurs de ces meurtres concrètement. Condamné à mort, il se suicidera en se pendant dans sa cellule du couloir de la mort à la prison de San Quentin et laissera une lettre blâmant, pour ces meurtres, un individu nommé *Billy the Cripple*. Mais les autorités ont rejeté cette contre-confession disant son esprit troublé. Les recherches continuent cependant, car plusieurs corps des enfants supposément tués par ce criminel sont encore manquants.

Pedro Alfonso Lopez

Ce tueur en série a sévi en Bolivie, au Pérou, en Colombie et en Équateur. Il a tué ses victimes pour le simple plaisir et a publié une confession dans laquelle il raconte, en détail, les sévices commis. Surnommé le *Monstre des Andes*, Lopez confirme que s'il est libéré, il recommencera à tuer, sans remords ni pitié. L'homme est né en Colombie, dans les années 40, d'une mère prostituée. Il a 12 frères et sœurs avec qui il réside pendant son enfance dans une maison constituée d'amas de tôles et de bois. La famille vit dans les favelas, soit des quartiers défavorisés qui sont plutôt des bidonvilles. À six ans, Lopez commence à étrangler des chatons et en éprouve une jouissance physique. Un soir, il tente d'étrangler sa petite sœur Inès. Terrorisée, la fillette hurle et la mère sauve l'enfant puis corrige durement son fils. À huit ans, ce dernier demande la charité dans les rues, vole pour manger et dort dans des caves ou sous des escaliers. Un certain soir, un homme lui propose de l'héberger puis le viole dans son appartement et le retient pendant une dizaine d'années par la persuasion et non par la violence. Au cours de cette période, Lopez est bien nourri et dort dans un bon lit, il s'accommode donc de la situation. Mais son « protecteur » meurt brusquement lorsqu'il a 18 ans. Il ne pense alors qu'à se venger de la société et de la vie qu'il a menée. Lopez trouve ensuite du travail en devenant garçon de salle dans une maison d'arrêt de la ville de Quito, en Équateur. Un jour, trois prisonniers l'attirent dans une cellule et le violent tour à tour. Il les égorgera l'un après l'autre pour ensuite quitter la ville et l'Équateur. Il a cependant constaté avoir ressenti du plaisir à donner la mort.

À Bogota, il choisit une petite fille dans un marché, lui offre des bonbons et lui promet un cadeau si elle le suit dans sa voiture. Arrivé dans le véhicule, Lopez lui donne un miroir. Pendant que la fillette s'admire, il quitte la ville avec elle et se rend dans un lieu reculé en forêt. L'enfant, inquiète, commence à pleurer et hurle. Il la déshabille puis se couche sur elle. Jusqu'au matin, il se livre sur l'enfant à de sordides perversions et l'étrangle à l'aube. Il dispose ensuite du cadavre dans un trou tapissé de mousse. En janvier 1979, il jette son dévolu sur une très belle fillette dénommée Maria. L'enfant le suit d'abord puis prend peur avant d'entrer dans sa voiture. Sa mère, qui se trouve tout près, se jette sur Lopez et ameute la foule qui menace de lyncher le triste individu. Une patrouille de police le sauve de justesse de la vindicte populaire. Il se confiera ensuite à un prêtre et il faudra des mois pour reconstituer son parcours. On estime qu'il a fait 310 victimes, soit 110 en Équateur, 100 en Colombie et 100 au Pérou, toutes des fillettes âgées entre 8 et 12 ans. Le prédateur les choisissait dans un lieu public, les attirait avec des cadeaux puis quittait les lieux pour se rendre dans un boisé où il passait à l'action. Il jouait alors avec les cadavres de ses victimes et les démembrait au cours de ce qu'il a nommé sa *fête des massacres*. Lopez ne tuait jamais la nuit et son plaisir consistait à regarder ses victimes dans les yeux pendant qu'il les faisait passer de vie à trépas. Sadique, il rassurait et berçait sa nouvelle proie au milieu des cadavres des victimes précédentes. Incarcéré pendant 20 ans en Équateur, il est libéré à l'été 1998 pour bonne conduite. Vers minuit, on l'amène à la frontière colombienne pour le relâcher. Sa tête est cependant mise à prix, mais nul ne l'a revu depuis, bien qu'en 2002 Interpol aurait émis un mandat d'arrestation contre le *Monstre des Andes* pour un nouveau meurtre qui lui a été attribué.

Melissa Ann Shepard

Cette dame de 77 ans a été surnommée la Veuve noire d'Internet. Mélissa Russell est née à Burnt Church au Nouveau-Brunswick le 16 mai 1935. Elle épouse Russell Shephard en Ontario en 1955, ils auront deux enfants. Sa première condamnation date de 1970 pour fausse représentation puis elle recevra une trentaine de peines dans les années 70 et 80 pour fraude, usage de faux et chèques sans provision. Elle divorce de son époux qui sera le seul à ne pas devenir l'une de ses victimes. Vers la fin 1985, elle part vivre avec sa famille à l'Île-du-Prince-Édouard. Deux ans plus tard, elle connaît Gordon Stewart avec qui elle emménage avant de se marier en 1990. Elle le quitte régulièrement après avoir vidé son compte en banque, mais il la reprend toujours. Elle finira par le ruiner et il déclare faillite à 44 ans. Puis le 27 avril 1991, elle aurait versé une dose massive de Valium et de somnifères dans le verre de Stewart avant de l'emmener en voiture sur une route isolée près de Halifax où ils viennent de s'installer. Deux témoins la voient démarrer à toute vitesse et écraser l'homme allongé au sol. Ils relèvent son numéro d'immatriculation. Elle dira avoir reculé accidentellement sur son époux occupé à uriner derrière la voiture et qu'il est possible qu'elle ait passé sur lui à nouveau en marche avant. Elle affirmera qu'il l'avait violée sous la menace d'un couteau et qu'elle essayait de fuir. Accusée de meurtre, à ce moment elle attend son procès chez son fils en Nouvelle-Écosse. Elle fait ensuite des photographies d'elle en infirmière, ce qu'elle prétendra être à l'occasion, en plus d'institutrice. L'enquête démontre que Gordon a tant d'alcool dans le sang, c'est en fait un alcoolique notoire, qu'il a en plus consommé des médicaments et dans cet état n'aurait pu violer personne. Melissa Ann Shepard est condamnée à six années de prison pour homicide involontaire et incarcérée à la prison des femmes de Kingston. Au début de 1990, le ministère fédéral de la Justice amoindrit les peines infligées aux femmes victimes de violence qui ont tué leur mari, elle est donc libérée conditionnellement après deux ans de prison et devient porte-parole pour le projet *Another Chance* avec un salaire de 50 000$ par année.

Sa période de libération conditionnelle étant terminée elle retourne dans les Maritimes et, en avril 2000, rencontre Robert Friedrich, un ingénieur à la retraite de 81 ans qui vit en Floride. L'un des fils du vieil homme le met en garde contre cette femme qui lui a écrit sans l'avoir jamais rencontré. Mais en mai 2000, elle arrive pour lui rendre visite. Trois jours plus tard, ils se fiancent et partent se marier le mois suivant en Nouvelle-Écosse. La fortune de Friedrich se monte à 700 000$ que lui et sa femme, décédée depuis un an, ont toujours prévu de léguer à leurs trois fils. À l'automne suivant, le mariage, le testament et les contrats d'assurance de Friedrich sont mis au nom de Melissa, nommée sa légataire universelle. Mais les enfants du vieil homme ont appris qu'elle achète beaucoup de médicaments plusieurs fois par semaine si ce n'est par jour. Elle dira à Robert que ses fils ont engagé des tueurs à gages pour se débarrasser d'elle et il continuera à couvrir sa femme qui, entre-temps, est retournée au Canada. Le pauvre homme souffre de l'éloignement de ses fils tout comme de celui de sa femme. Pendant ce temps, Mélissa achète une maison près de sa famille à Montague, Île du prince Édouard et vend la maison mobile de Robert pour 85 000 $ et rapporte chez elle 50 000 $ d'argenterie et d'antiquités pourtant comprises dans la vente. Une conseillère financière avertit les enfants de Friedrich que les économies de leur père disparaissent rapidement, mais ce dernier n'écoute pas leurs avertissements. Ceux-ci se rendent compte également de la détérioration de la santé de leur père. Il semble être drogué par sa femme et, en août 2002, il ne reste que 100 000$ à l'homme. Ses fils découvrent ensuite le passé de Shepard et cela vient aux oreilles du bureau du shérif de Floride qui veut enquêter. Mais Robert est décédé le 16 décembre 2002 et a été incinéré rapidement. Le lieutenant Keith Keough de Manatee continue l'enquête cependant et, en mai 2004, ils sont prêts à accuser Mélissa Ann Shepard pour s'être fait prescrire en 30 jours le même type de médicaments par plus d'un médecin. Le procureur de l'État ne les suit pas par manque de preuves.

Dans les années 2000, la veuve noire commence à utiliser Internet pour recruter ses futurs époux. Elle consulte alors un site de rencontre et contacte une vingtaine d'hommes sur le territoire américain. En octobre 2004, elle rencontre Alexander Strategos, prétendant être une institutrice à la retraite. Épousés après un mois seulement, Shepard et son nouveau conjoint vivront ensemble pendant deux mois, période pendant laquelle l'homme devra se rendre six fois à l'hôpital de Tempa en Floride. Melissa en profite pour lui faire signer plusieurs chèques. Malheureusement, la police n'arrive pas à démontrer qu'il a été empoisonné malgré leurs soupçons. Le 27 décembre, le pauvre homme se trouve hospitalisé lorsqu'elle lui fait signer une procuration. Le fils de Strategos, Dean, découvre par l'hôpital qu'il a absorbé des tranquillisants, des benzodiazépines, qui ne lui ont jamais été prescrits. Un ami policier recommande alors à Judi, la compagne de Dean, de vérifier les comptes bancaires de Stragegos. Dean découvre que 18 000 $ ont disparu et il ne reste rien des trois comptes en banque de son père. Les policiers sont alors alertés et se rendent à la demeure du vieil homme qui est de retour chez lui. On sait, à ce moment, que sa conjointe a fait de la prison au Canada pour le meurtre de Gordon Stewart, son deuxième mari et qu'elle est soupçonnée d'avoir provoqué le décès de son troisième époux, Robert Friedrich. Shepard est arrêtée pour fraude et les médias locaux la baptisent la *veuve noire*. Elle admettra sa longue histoire de fraudes et usages de faux, mais nie les meurtres, se posant en victime dans le cas de Strategos, affirmant qu'elle faisait tout sans être rémunérée et qu'il était cruel. Elle dira également que Stewart la violentait ainsi que son premier mari. Son fils Doug la décrit comme une femme aimante et généreuse et parle de sa dépendance aux tranquillisants. Elle plaidera non coupable dans l'affaire Strategos puis, en mars 2005, plaide coupable pour fraude et écope de cinq années de prison. À sa sortie en 2009, elle rentre au Canada. Âgée de 77 ans, Melissa Ann Shepard prend des cours d'alphabétisation et repart à la recherche d'un autre époux. Une alerte la concernant est donnée suite au décès d'un homme à l'hôpital du Cap Breton en septembre 2012. Âgé de 75 ans, Fred Weeks est le dernier époux en liste de la sinistre vieille dame et ils étaient mariés depuis quelques jours à peine au moment de son décès. Cette fois, elle comparait pour meurtre et plaide coupable pour amoindrir les charges portées contre elle. Le 11 juin 2013, elle est condamnée à trois années et demie de détention pour avoir administré une substance nocive à son conjoint et ne pas lui avoir fourni les besoins essentiels à la vie.

Émile Louis

Émile Louis naît à Auxerre en 1934 et est confié tout jeune à l'assistance publique. Il sera responsable du phénomène criminel appelé les *disparues de l'Yonne*. L'homme avouera que le secret de son enfance et de ses origines l'a toujours préoccupé et affirmera avoir été violé par un éducateur à l'âge de 14 ans. Son nom vient de la tradition française de donner deux prénoms à un enfant confié à l'assistance publique dans le but de lui offrir une nouvelle identité. À l'adolescence, il incendie un hangar et on l'envoie en asile psychiatrique puis en maison de correction. À 17 ans, il s'engage dans la marine et est envoyé en Indochine où il convoie les cadavres de soldats. À 20 ans, de retour en France, il épouse une jeune femme avec qui il aura quatre enfants. Dans les années 70, le couple s'installe près d'Auxerre où tous deux sont les gardiens d'un château dans lequel ils décident d'accueillir des enfants de l'assistance. Trois adolescents d'une même famille, deux frères et une sœur, leur sont confiés. Émile Louis conduit également un bus scolaire chargé de raccompagner des enfants en difficultés pris en charge par l'assistance sociale.

À cette époque, l'homme possède un certain charme et est un coureur de jupons invétéré. Il divorcera en 1978 pour s'installer avec une nouvelle compagne. Un an plus tard, une jeune fille confiée à un foyer d'accueil disparaît. Émile Louis aurait été aperçu près du lieu de sa disparition et un témoin rapporte l'avoir entendu dire à la disparue qu'il cherchait son chien. Mais ce seul indice est faible et il est mis hors de cause par les gendarmes pour qui il demeure néanmoins suspect. Ceux-ci savent bien qu'il a été interpellé pour des faits plus ou moins similaires et des problèmes de mœurs, mais a été mis hors de cause à chaque fois. On ne retrouvera jamais la jeune fille disparue. En 1981, Émile Louis est incarcéré pour des attouchements sexuels sur des enfants confiés à sa conjointe par l'assistance sociale. Le 5 juillet 1981, les restes d'un corps sont découverts sous un tas de fumier à Rouvray dans l'Yonne. Il s'agit de l'une de ses nombreuses maîtresses. Aucune preuve ne le relie à ce meurtre cependant, mais il est incarcéré pour attentat à la pudeur et sort de prison en 1984. À sa grande surprise, sa conjointe refuse de le recevoir tout comme son ex-femme. Il se déplace donc vers le sud, à Fréjus, chez son ex-belle-sœur et y est engagé comme chauffeur d'autobus. Certaines jeunes filles qu'il transporte commencent à raconter des histoires d'attouchements sexuels et en 1989 il est à nouveau accusé d'attentat à la pudeur et retourne en détention. Il n'admettra jamais ses nombreuses fautes et criera toujours à la machination à son endroit.

Émile Louis sort de prison en 1992 pour se marier à nouveau et s'installer à Draguignan. Il s'en prend souvent à sa nouvelle femme qu'il bat, attache et brûle notamment tous les vendredis soir afin, selon ses dires, de la délivrer de la dépression dont elle souffre. Elle ne portera plainte contre lui que lorsque l'affaire des disparues de l'Yonne fera la première page des journaux. Néanmoins, au procès de 2005, on parlera de l'alcoolisme de cette dernière et l'une de ses filles viendra affirmer que le couple était heureux. Émile Louis est reconnu coupable en appel d'actes de torture et de barbarie sur cette femme et sa fille et condamné à 20 ans de prison. En novembre de la même année, à l'âge de 71 ans, il est condamné à la perpétuité pour l'assassinat de sept jeunes femmes. La première était une mère de 26 ans, disparue en 1975, et qui avait été sa maîtresse. De faible intelligence, elle se serait prostituée au cours de l'année précédant sa disparition, mais les témoignages dans son cas demeurent parfois confus. Lors de ses aveux en décembre 2000, Louis dira avoir enterré le corps au bord de la rivière et rapporte à son sujet des explications contradictoires. Il raconte avoir eu un trou noir et ne plus trop savoir ce qui s'est passé.

C'est ensuite une adolescente de 15 ans qui disparaît en 1977. Il s'agit d'une enfant de l'assistance publique qui a été ballottée d'une famille d'accueil à une autre. Elle avait fugué en 1976 pour revenir après trois jours d'errance. Une dizaine de jours plus tard, elle avait disparu à nouveau pour être retrouvée un mois plus tard et commettre une nouvelle fugue après quelques jours. Cette fois, on ne la reverra pas et les recherches sont plus ou moins intensives en considération de sa tendance à fuir son domicile. Si sa mort est attribuée à Émile Louis, il reste plusieurs incertitudes la concernant, car des membres de la famille de la jeune fille, dont son frère, affirment l'avoir vue en 1980. C'est ensuite une autre jeune fille placée avec ses frères chez ce prédateur qui sera victime de celui-ci. En avril 1977, Émile Louis prétend avoir trouvé du travail dans la ville d'Avallon pour cette jeune femme et affirme l'avoir conduite à la gare, mais elle ne sera jamais revue. Une carte postale provenant supposément de celle-ci est pourtant envoyée à l'épouse de Louis. Il y est écrit que le travail est bien agréable, mais curieusement la missive a été postée d'Auxerre. L'épouse d'Émile Louis s'interroge et appelle les présumés employeurs qui lui répondent ne pas connaître cette jeune personne. À ce moment, inquiète et soupçonnant son mari d'être impliqué dans cette disparition, elle avertit les services sociaux qui préviennent la gendarmerie. Mais la jeune disparue, âgée de 19 ans, est adulte et n'est plus sous la responsabilité des services sociaux, elle peut donc se rendre où elle veut sans avoir à en informer qui que ce soit. Son corps sera retrouvé, suite aux aveux d'Émile Louis, un mètre sous terre comme celui d'une autre disparue. Pour expliquer son geste, il racontera que cette victime était également sa maîtresse et menaçait de tout révéler à sa femme.

Deux semaines après la disparition de cette jeune femme de 19 ans, une autre fille, pupille des services sociaux, disparaît alors qu'elle se trouve chez une famille d'accueil d'Auxerre. Timide et méfiante, elle est âgée de 18 ans et se rend régulièrement au centre médico-éducatif de Grattery avec le bus conduit par Émile Louis. La jeune fille et l'homme deviennent amis et elle sera vue pour la dernière fois marchant le long d'un chemin tandis que le prédateur sera aperçu se dirigeant en voiture dans la même direction. La jeune femme ne sera jamais revue. La personne responsable de celle-ci prévient les policiers qui lui soulignent qu'elle est majeure et qu'ils ne peuvent donc intervenir. Une autre femme, voyageant en bus avec Émile Louis et même parfois dans sa voiture personnelle lorsqu'il n'y a pas service de car, disparaît ensuite. Son corps sera retrouvé en 2000, enterré au bord d'une rivière près de celui d'une autre victime. Lorsqu'Émile Louis avoue ses crimes, il y a prescription puisqu'en France celle-ci, autant pour viol que pour meurtre, est de dix ans afin d'éviter que les forces de l'ordre enquêtent indéfiniment sur des meurtres anciens, surtout qu'avec le temps les preuves manquent et les témoignages deviennent moins crédibles. Mais pour un crime contre un mineur, la prescription est de trente ans suivant la date de la majorité de la victime et en décembre, quand Émile Louis avoue les meurtres de plusieurs disparues, il est persuadé de ne courir aucun risque en révélant l'emplacement des corps. Un avocat, cependant, trouve une parade dans le code pénal pour parvenir à le faire inculper considérant que l'enlèvement et la séquestration ont été précédés ou accompagnés de tortures ou d'actes de barbarie et que les faits ont été suivis de la mort de la victime, de tels actes démontrés permettront l'inculpation du tueur.

Les squelettes de ses victimes ont été retrouvés placés sur le ventre, les bras repliés dans le dos, un slip entre les mâchoires alors qu'elles étaient encore vivantes puisqu'elles les ont mordus. Elles avaient également comme bâillon un collant autour du crâne, puis des lambeaux de tissus autour du cou ce qui présente des similarités avec le cadavre d'une autre personne retrouvée et pour laquelle Louis a été blanchi bien que le mode opératoire apparaisse similaire. Une autre femme, ayant passé également par des familles d'accueil et fréquentant le centre pour lequel Émile Louis conduisait le bus, avait disparu en 1976. On soutient qu'elle aurait trouvé du travail et se serait mariée en 1977, puis aurait eu un petit garçon. Sans ressources en 1978, elle avait contacté Émile Louis qui était un ancien amant de sa sœur, l'une des disparues. Il l'avait alors installée dans un hôtel et, en 1978, elle disparaissait à son tour. La dernière des victimes d'Émile Louis avait 16 ans. On a d'abord cru à une fugue, car c'était une adolescente qui avait également été ballottée de famille d'accueil en famille d'accueil. La veille de sa disparition, elle avait raconté à ses camarades aller rejoindre sa mère grâce au chauffeur du car qui allait la reconduire chez elle. Des témoins ont vu la disparue se diriger vers le véhicule de ce dernier et la jeune fille ne sera jamais revue.

Selon les éléments recueillis, il est possible qu'il y ait eu un autre prédateur dans le secteur de l'Yonne au cours de ces mêmes années. Émile Louis dira d'ailleurs qu'on tente de tout lui mettre sur le dos, mais qu'il se passait d'étranges choses dans la région. En juin 2006, son procès en appel a lieu à Paris et il est à nouveau condamné à la réclusion à perpétuité pour sept meurtres avec une période de sûreté de 18 ans. Il décédera en octobre 2013 après avoir rétracté ses aveux. L'homme était en proie à des pulsions sexuelles violentes, disait croire en Dieu et voulait finir ses jours dans un monastère dans l'isolement et la prière. Décrit par certains comme un homme gentil, affectueux, attentionné et à l'écoute, c'était avant tout un menteur invétéré.

Gary Ridgway

Sur les 48 victimes attribuées officiellement au *Green River Killer*, plus de la moitié a moins de 18 ans. La majorité de ces victimes sont des prostituées ou des femmes connues des policiers pour des affaires de drogues. Gary Ridgway avouera avoir choisi de telles femmes parce qu'elles sont faciles à aborder, ne se méfient pas et se déplacent souvent. De ce fait, il est difficile de les classer disparues et les policiers s'en préoccupent peu. Il ajoutera qu'elles ne sont que des *ordures* que l'on baise et tue pour s'en débarrasser ensuite. Ridgway n'agit pas par pulsions soudaines et ses actes sont bien planifiés. Il patrouille d'abord les lieux avec sa camionnette avant et après ses horaires de travail puis s'arrête pour soulever le capot de son véhicule comme s'il examinait le moteur, ce qui lui permet d'observer autour de lui. Chaque fois qu'il fait monter une femme à bord, son intention est de tuer. De petite taille, l'homme qui sévira pendant plus de 20 ans souligne à ceux qui lui demandent, par jeu, s'il ne serait pas le *Green River Killer*, qu'il n'a pas la carrure d'un meurtrier en série. Il se fera cependant un plaisir d'indiquer à certaines de ses victimes à qui elles ont affaire. Il joue d'abord avec elles le rôle du copain sympathique afin de les inciter à le suivre promettant à celles qui hésitent divers objets en cadeau. Ridgway peut parfois s'abstenir de tuer si les circonstances lui sont défavorables. Puis la prostituée ciblée étant mise en confiance, il revient la voir à nouveau et, cette fois, elle ne trouvera pas d'issue. Le prédateur utilise également une photographie de son fils pour les mettre en confiance et dispose des jouets sur son tableau de bord. Lorsqu'il arrive à son domicile en leur compagnie, il leur montre la chambre de son fils ce qui les rassure.

Né en 1949 à Salt Lake City, Gary Ridgway est le deuxième d'une famille de trois garçons et déménage à onze ans dans l'état de Washington. Ses amis d'enfance le disent timide et effacé. À l'adolescence, il allume des incendies, paie un enfant pour lui tripoter les parties génitales, vole et étrangle un chat. Il dérobe également des voitures et commet du vandalisme, ne ressentant aucun remords si ce n'est l'inquiétude d'être pris. À 15 ans, il poignarde au côté un petit garçon de six ans puis éclate de rire. Il essuie ensuite la lame sur la chemise de l'enfant et lui mentionne qu'il a toujours voulu savoir ce que ça fait de tuer quelqu'un. Le garçonnet survivra après avoir passé plusieurs semaines à l'hôpital. Gary admettra plus tard avoir rêvé de poignarder sa mère par qui il se dit attirer sexuellement. L'homme n'a jamais été victime d'abus et est un prédateur naturel, il aime la chasse aux victimes humaines, dès l'école élémentaire où il obtient des résultats scolaires médiocres.

En 1969, à l'âge de 20 ans, il s'engage dans la Navy et c'est à ce moment que semble prendre place son obsession envers les prostituées. En août 1970, il épouse sa première femme et, en juillet 1971, quitte les Forces. Pendant son absence, elle connaît un autre homme, mais tous deux tentent de sauver leur mariage. En vain cependant et ils divorcent en septembre 1971. En août précédent, il commence à travailler chez Kenworth où il avait auparavant œuvré brièvement et y demeurera jusqu'à son arrestation en novembre 2001. Il travaille d'abord à Seattle puis va s'établir à Renton où il obtient un meilleur salaire. Il y peint les carrosseries des véhicules et on le dit efficace, car très méticuleux. Pendant les pauses, il lit parfois la Bible ou encore des petites annonces pour des vieux meubles et recherche du matériel permettant d'améliorer sa résidence. Il est considéré par ses collègues comme un homme sociable et amical, soucieux de son apparence, ayant toujours en main ce qui est nécessaire pour recoiffer ses cheveux et sa moustache. Ses collègues féminines ont des réserves cependant, car il arrive souvent derrière elles silencieusement pour leur masser les épaules. Ridgway aurait aimé être policier, mais sa demande a été rejetée. Il conserve néanmoins une apparence et des manières militaires qui peuvent laisser croire à certaines victimes qu'il est bel et bien un policier en civil. Il épouse sa deuxième femme en décembre 1973 et avoue aimer le sexe et le bondage. Proche de ses sous, il recherche souvent du matériel usagé et accumule des objets qu'il revend parfois lors de ventes de garage. En 1975, c'est la naissance du petit Matthew. Lors de l'arrestation de Ridgway, ce dernier est dans les Marines au Camp de Pendleton. À ses yeux, son père est un homme tranquille, très présent et l'ayant encouragé et suivi pendant tout son cheminement scolaire. Jamais Matthew ne s'est douté qu'il pourrait être le tueur recherché depuis tant d'années. Ridgway a peu d'amis proches et une mauvaise mémoire. C'est pourquoi il dresse constamment des listes. Il racontera avoir pris soin de sa grand-mère et s'être déjà arrêté sur les lieux d'un accident pour fournir une couverture à une personne blessée. Avec sa deuxième femme, Gary fréquente l'église et même parfois deux lieux de culte dont l'un est baptiste. Toujours en sa compagnie, il circule parfois dans le quartier pour propager la bonne nouvelle, il peut même à cette époque être qualifié de fanatique religieux et pleure pendant les services.

En 1978, il va de moins en moins à l'église et rentre parfois de longues soirées d'absence, sale et poussiéreux. Il refuse que sa femme se maquille et porte des boucles d'oreille, car selon son appréciation cela lui donne l'air d'une *pute*. En mai 1981, c'est un nouveau divorce pour Gary Ridgway et son épouse obtient la garde de leur enfant. Il fréquente ensuite une association pour parents seuls où il fait la connaissance de plusieurs femmes. Il n'a toujours pas beaucoup d'amis sinon aucun et demande continuellement du sexe à ses partenaires. En novembre 1981, il achète une maison dans Seattle à quelques centaines de mètres du quartier chaud de la ville. C'est à cet endroit qu'il tuera une douzaine de victimes. Pour les voisins, cette demeure est toujours fermée comme si le propriétaire était constamment en vacances. Ce dernier d'ailleurs ne les salue jamais. À un certain moment, il a deux petites amies connues dans un club de rencontre et en avril 1982, en raison d'ennuis financiers, loue une partie de la maison à un couple qui y demeurera pendant six mois. Ils pourront constater qu'il est souvent absent la nuit et les week-ends. Ridgway épouse ensuite sa troisième femme en 1988 et achète une nouvelle maison à Des Moines où ils vivront jusqu'en 1997. Sous l'influence de sa nouvelle épouse, il devient extraverti, parle un peu plus aux voisins et s'occupe de son jardin de façon obsessionnelle. Pour l'entourage, il constitue même le voisin idéal qui, une fois par mois, organise une brocante dans son garage. Selon cette troisième épouse, c'est un bon mari.

Le nom de Gary Ridgway apparaît pour la première fois dans l'enquête du *Green River Killer* en mai 1983 alors que sa camionnette est identifiée comme ayant véhiculé une prostituée disparue. Il admet avoir déjà été arrêté avec une telle femme, mais dit ne pas connaître la personne recherchée. À ce moment, les enquêteurs ne trouvent rien pouvant l'impliquer. En fait, Ridgway sera souvent interrogé au cours de l'enquête et finira par admettre avoir fréquenté des prostituées dont certaines ont disparu. Il se soumettra même à un test de détecteur de mensonges dans lequel il nie être l'auteur des crimes commis. Il réussira l'expérience avec succès ce qui nous laisse songeurs quant à l'efficacité d'un tel appareil. Suite à ce test, Gary Ridgway ne sera plus inquiété pour un moment. En avril 1987 cependant, il est de nouveau suspecté et les policiers se présentent à sa porte avec des mandats de perquisition. On fouille sa maison, ses véhicules ainsi que son placard à l'usine Kenworth. Des centaines d'échantillons et d'articles sont ensuite saisis. Rien ne les relie aux scènes de crimes, mais un échantillon de sa salive est tout de même recueilli. Quatorze ans plus tard, en 2001, c'est cet échantillon qui pourra le relier à un prélèvement effectué sur une victime. En effet, le 5 décembre 2001, il est mis en examen pour quatre homicides. De minuscules traces de peinture retrouvées sur les vêtements de deux victimes du *Green River Killer* sont identiques à la laque très sophistiquée utilisée par Ridgway dans le cadre de son travail à l'usine Kenworth. Au cours des interrogatoires qui s'étendront au long de cinq mois, il avouera avoir tué plus de 60 femmes dans le seul comté de King. Il est cependant surpris à mentir à de nombreuses reprises et minimise son rôle. Ridgway profère sans cesse des excuses pour ses crimes ; ces prostituées l'ont poussé à bout, elles ont simulé le plaisir, etc. Il dit être fier de ce qu'il a fait et refuse de s'attribuer les crimes d'un autre tueur.

Ridgway admet étrangler ses victimes, car cela lui procure plus de satisfactions que l'utilisation d'une arme quelconque. Il tuera dans sa maison et dans sa camionnette autant qu'en pleine nature et abandonnera les premiers corps près de la Green River d'où son surnom. Il a également posé des actes de nécrophilie avec certaines de ses victimes, jusqu'au moment où il constatait l'apparition de mouches sur les cadavres. Il raconte que c'était simplement pour avoir du sexe facilement et que, pour lui, c'était un fardeau de trouver un endroit pour se débarrasser des corps. Il ne gardait pas les vêtements de ses victimes, mais seulement leurs bijoux. Il en a déposé quelques-uns dans les toilettes des femmes à son lieu de travail se sentant excité ensuite de voir l'une ou l'autre collègue les porter après les avoir trouvés. Ridgway ne ressent aucune empathie et soutient qu'une fois morte la prostituée lui appartient. Il souligne ne pas être un violeur, mais un meurtrier ce dont il semble fier. Ses remords sont plutôt reliés aux indices laissés et donc à son étourderie et non aux victimes elles-mêmes. Il a déjà pensé à tuer ses ex-femmes, mais des victimes de son entourage constituaient un trop grand risque. Malgré son peu d'éducation, il était parfaitement conscient des méthodes policières et des précautions à prendre. Son entourage et les membres de sa famille ont longtemps cru à une erreur judiciaire tellement sa vie et son comportement semblaient normaux. Il affiche, en plus, un air naïf et débonnaire qui n'incite pas à la méfiance. Au long de sa carrière criminelle, Ridgway mettra en place des fausses pistes afin d'égarer les enquêteurs, ce qui fonctionnera à plusieurs reprises. En décembre 2003, le tueur plaide coupable pour 48 assassinats de femmes et est condamné à la prison à perpétuité pour chaque meurtre commis. Lors d'entrevues subséquentes, il estimera le nombre de ses victimes à 75 ou 80. Celles-ci sont autant des femmes de couleur que des blanches, dont plusieurs avaient 14, 15 et 16 ans, même s'il y a eu des victimes âgées dans la trentaine. Ayant commencé à tuer en 1982, il a sévi pendant presque 20 ans. Il est toujours incarcéré dans l'unité d'isolement du pénitencier de Walla Walla, car il demeure trop dangereux pour lui de le mêler aux autres prisonniers.

Arthur Shawcross

Jack Blake, 10 ans, disparaît à Watertown, New York, en ce 7 mars 1972. Sa mère soupçonne aussitôt un dénommé Art d'en être responsable. Il s'agit d'un homme avec qui l'enfant va pêcher en compagnie de son jeune frère. Art leur parle de la guerre du Vietnam et leur a même montré des photos de femmes nues. Malgré l'interdiction de ses parents, le jeune Jack continue de rencontrer le dénommé Art, soit Arthur Shawcross. Ce dernier a bien vu le jeune garçon et l'admet aux policiers, mais n'en sait pas plus sinon qu'il l'a déposé à l'école après leur rencontre. À cette époque Shawcross a 27 ans et la réputation d'être gentil avec les enfants, toujours prêt à les conseiller pour la pêche et disposé à leur offrir une glace. De plus, il vient tout juste de se marier. Les Blake, quant à eux, constituent une famille nombreuse connue pour avoir souvent des démêlés avec la justice. Ils seront même soupçonnés d'avoir pris part à la disparition de leur enfant. Toujours en septembre, c'est ensuite la petite Karen Ann Hill, huit ans, qui disparaît à son tour. La fillette joue sur la pelouse devant une maison de Pearl Street quand tout à coup elle n'est plus en vue. Une alerte est aussitôt lancée par les autorités. Le soir même un témoin déclare avoir vu un homme de race blanche pousser une bicyclette blanche dans les environs. Le corps de la fillette est retrouvé une heure plus tard, face contre terre, sous des plaques de ciment et des débris placés sous un pont. Le cadavre est dénudé à partir de la taille, sa bouche et ses narines sont pleines de terre, elle a été violée et étranglée. Les Blake savent qu'une bicyclette semblable à celle qui a été décrite appartient à Shawcross et en avertissent les policiers aussitôt. Un chien pisteur est amené sur les lieux du crime et conduit les enquêteurs devant le 233 Cloverdale Apartments, où réside Shawcross. Il est aussitôt emmené au quartier général de la police. Des témoins reconnaissent en lui l'individu aperçu près des lieux du crime et après plusieurs heures d'interrogatoire, il finit par avouer avoir sans doute commis le crime, mais ne pas s'en souvenir, arguant avoir eu une absence. C'est trois jours plus tard, le 6 septembre 1972, que le squelette du jeune Blake est retrouvé grâce aux indications du meurtrier. Il refuse cependant d'admettre cet assassinat comme pour la petite Hill. Une négociation a lieu avec son avocat, car le procès s'achemine vers une défense de santé mentale et le tueur finit par plaider coupable à une accusation réduite d'homicide au premier degré. Le juge Milton Wiltse, le condamne à 25 années d'emprisonnement le 17 octobre 1972.

Dans son enfance, Art était pyromane, brutalisait les enfants plus jeunes et torturait des animaux. Il a déjà été condamné comme incendiaire puisque, peu discret, il activait un feu puis en parlait ouvertement aux gens présents. Les voisins le croyaient fou, mais pas dangereux. Les Shawcross, par ailleurs, étaient considérés comme gentils, bons et solides. Art, né en 1945 est l'aîné de quatre enfants et n'a aucun goût pour les études. Il est d'abord brillant à l'école élémentaire puis se met à régresser surprenant ainsi ses professeurs. Il devient renfrogné et très agressif selon un rapport de 1953 et a même menacé ses camarades avec un tuyau d'acier. Ceux-ci racontent qu'il se parle parfois à lui-même avec une voix haut perchée. À l'âge de 18 ans, il entre par effraction dans un magasin Sears et déclenche le système d'alarme. À 19 ans, il se marie et a un enfant, mais divorce peu après. Sa première femme le déclare immature et simulant des blessures pour éviter de travailler. À 20 ans, il est arrêté pour avoir molesté un garçon de 13 ans suite à une bataille de boules de neige. On le dit enclin aux accidents et avec un mauvais caractère. À 22 ans, il se prépare à aller à la guerre du Vietnam et épouse Linda Henry. Il ira un an au Vietnam, mais ne participe pas aux combats, œuvrant à d'autres services. Il est démobilisé en avril 1969 et est ensuite embauché à l'usine de papier de Watertown où se déclenche un incendie. À cette occasion, c'est Shawcross qui donne l'alerte. Quatre mois plus tard, il donne à nouveau ce signal quand une grange de foin prend feu et un pareil incident se reproduira à la laiterie où il travaille. Il s'attaque ensuite à une station-service, mais est arrêté sur place. Il admet avoir mis le feu et, après s'être parlé à lui-même, ajoute que *quelque chose* lui a dit de déclencher des incendies. Shawcross est alors condamné à 5 ans de détention, mais est mis en liberté conditionnelle après deux ans. Il est ensuite engagé comme cantonnier puis comme vidangeur et récupère les jouets dans les ordures. Son superviseur mentionne qu'à le voir jouer ainsi avec ces objets, on aurait pu croire qu'il avait l'esprit d'un enfant. En avril 1972, il épouse sa troisième femme, Penny Sherbino et le couple s'installe au 233 Cloverdale Apartments. Quinze jours plus tard, il emmène Jack Blake à la pêche où l'enfant disparaît.

Suite à sa condamnation pour les meurtres des deux enfants, il est remis en liberté après 14 années de prison et déménage ensuite dès que son passé est découvert, ce qui se produit à plusieurs reprises. Il finira par trouver l'anonymat à Rochester. En détention, il s'est révélé être un prisonnier modèle et a obtenu son équivalence de diplôme secondaire ainsi qu'une qualification de menuisier. Il y a même occupé le poste de conseiller en loisirs dans une unité de santé mentale et correspondu avec une infirmière du nom de Rosemary Walley avec qui il s'installe lorsqu'il est libéré en 1987, peu avant ses 42 ans. Environ un an après son retour parmi la population, des jeunes femmes commencent à disparaître dans les environs et leurs corps sont retrouvés dans des endroits retirés, souvent des coins de pêche de la rivière Genesee. La première victime est âgée de 27 ans et a été étranglée. Une autre est retrouvée six mois plus tard près des gorges de la rivière Genesee. Comme la première victime, elle est en position fœtale et placée sur le côté gauche, ses jeans sont baissés et sa main gauche tient un T-shirt. Une amie de Rosemary, Clara Neal âgée de 58 ans, devient la maîtresse d'Art pendant que sa femme les croit seulement bons amis. En 1989, il demande Rosemary en mariage sans quitter pour autant sa maîtresse. Le mois suivant, un squelette est découvert par un pêcheur, puis c'est le corps d'une jeune prostituée qui est retrouvé par des enfants.

Au cours de l'enquête sur tous ces meurtres, Shawcross prend l'habitude de se rendre au Dunkin Donuts situé près de chez lui pour y discuter avec les policiers qui fréquentent les lieux. Un jour, il se présente au travail avec un bleu sur la tête, la figure égratignée et prétend s'être blessé en tentant d'intervenir lors d'une dispute entre un copain et sa belle-mère. Pendant ce temps, des corps sont retrouvés régulièrement alors qu'Art se rend sans faute à ses rendez-vous bimensuels avec son officier de probation et ne rate aucune séance de thérapie de groupe au centre de santé mentale. Sa réhabilitation ne semble faire aucun doute, mais il y a toujours des disparitions de prostituées. Le 3 janvier, l'inspecteur McCaffrey se trouve à bord d'un hélicoptère lorsqu'il repère un nouveau corps sur la rivière et aperçoit un homme sur le pont qui surplombe l'endroit. Il note qu'une Chevrolet grise y est arrêtée et que la portière du passager est ouverte. L'homme semble occupé à uriner, mais l'inspecteur lance un appel aux troupes au sol qui vont aussitôt arrêter l'individu : il s'agit d'Arthur Shawcross. Il offre une explication à sa présence à cet endroit disant s'être arrêté pour déjeuner sur la route en allant chercher son amie qui travaille dans une clinique. Les policiers n'ont aucune preuve contre lui, mais le gardent sous surveillance. Pendant ce temps, des prostituées identifient Arthur comme étant un habitué connu sous le nom de Gordo ou Mitch. Sa voiture est ensuite saisie et on y trouve une boucle d'oreille faisant la paire avec celle d'une femme portée disparue. Il est arrêté et nie pendant plusieurs heures les crimes qu'on lui attribue, arguant même n'avoir jamais fréquenté de prostituées. Il demande ensuite à voir sa femme à qui il avoue avoir fait du mal à une fille et Rosemary l'assure de son amour éternel. Shawcross demande ensuite des photos aux policiers puis désigne ses victimes. Il avouera 11 meurtres et décrira ceux-ci en détail pour ensuite conduire les inspecteurs sur les lieux où se trouvent les cadavres.

Plusieurs personnes le connaissant sont abasourdies de son arrestation, la plupart le disent gentil, toujours prêt à rendre service, parfois dans le but de simplement se faire aimer. Sa maîtresse affirme qu'il la respecte plus que les gens de son entourage. Avec ses mains puissantes, Shawcross tuait de façon si efficace que ses victimes luttaient peu et qu'il ne laissait que quelques marques sur leur cou. Il a eu des relations sexuelles avec celles-ci et dit avoir été dans un état second pendant les agressions, même s'il peut décrire en détail les meurtres et les mutilations infligées. Il soutient une explication pour chacune de ses victimes, arguant qu'elles l'ont mis en rogne d'une façon ou d'une autre. Il reconnaît cependant, que s'il est relâché, il recommencera à tuer. Il plaide non coupable pour cause de démence à son procès qui débute le premier octobre 1990. Pour la psychiatre de la défense, le Dr Dorothy Otnow Lewis, le comportement violent d'Arthur Shawcross est lié à des lésions au cerveau et à de mauvais traitements reçus pendant son enfance. Cette praticienne a utilisé l'hypnose avec le tueur en série et souligne que, pendant ces séances, il semblait afficher de multiples personnalités alors qu'il parlait parfois avec la voix de sa mère, à d'autres moments avec celle de sa sœur Jeannie ou encore d'un personnage appelé Ariemes, soit un mentor cannibale du XIIIe siècle. Sa famille a toujours nié les mauvais traitements décrits, mais sa mère confirmera plusieurs blessures reçues à la tête au cours de son enfance. Shawcross finira par avouer être retourné voir les cadavres de ses victimes, sommeillant parfois à leurs côtés pendant des heures. Il circulait également, à l'occasion, avec les cadavres sur le siège passager de son véhicule. Le psychiatre Park Dietz voit plutôt en Arthur Shawcross un simulateur intelligent, à l'imagination fertile et qui affiche un trouble antisocial de la personnalité. La Dr Lewis sera ridiculisée à un tel point qu'au procès, après six jours de contre-interrogatoire, elle s'écrie que l'équipe de la défense lui a raconté des mensonges. Shawcross sera déclaré coupable le 13 décembre 1990 de dix meurtres au deuxième degré et condamné à dix peines consécutives allant de 25 ans à la perpétuité. L'homme qui le garde pendant la durée du procès rapporte que les histoires de mauvais traitements pendant l'enfance ont été créées de toute pièce. Shawcross sera conduit au centre de détention Sullivan à Fallsburg et décédera d'une crise cardiaque en novembre 2008.

Andrei Tchikatilo

Andrei Tchikatilo tuera de 1978 à 1990, dans les environs de Rostov-sur-le Don, en ex-URSS. Le tueur se déplace en train et laisse sur son chemin des cadavres mutilés. C'est en juin 1978 qu'un homme découvre un corps en décomposition avancée qui porte encore des lambeaux de chair. La victime est nue, disposée sur le dos avec la tête tournée vers la gauche, ses mains sont levées dans une position de défense et ses jambes écartées. L'assassin a utilisé une arme blanche et 22 coups de couteau ont été portés dont plusieurs dans la région pelvienne et les orbites, les yeux ayant été pratiquement arrachés. La victime est une jeune fille. À l'automne, un cheminot trouve des restes humains avec des blessures similaires. Cette fois, la victime est une femme d'âge mûr. Le squelette d'une autre femme est ensuite retrouvé présentant de semblables blessures. Il y aura également des cadavres de jeunes garçons, de jeunes filles, d'enfants et de femmes d'âge mûr qui seront retrouvés. À un certain moment, le tueur cesse de s'en prendre aux yeux de ses victimes, on apprendra plus tard qu'il croyait que les yeux pouvaient enregistrer son image lors de l'agonie puis, constatant que c'était impossible, il a cessé de pratiquer une semblable mutilation. Curieusement, ses victimes semblent l'avoir suivi avec confiance jusqu'à des endroits isolés. L'une a eu les seins tranchés, une autre encore, tuée depuis seulement trois jours, présentait des traces d'étranglement. Sur le corps d'un jeune garçon, on notera 70 coups de couteau, l'enfant a également été amputé de son appareil génital. Du sperme a été retrouvé dans l'anus d'un autre jeune garçon victime du même tueur et sur le corps d'un autre le pénis et la langue ont été tranchés.

Le principal indice des policiers demeure la certitude que le tueur traque ses victimes dans les gares. Certaines de celles-ci vivaient de la prostitution ou affichaient des mœurs légères et les disparitions attribuées à celui qui sera appelé l'*Ogre de Rostov* sont parfois très rapprochées, souvent à quelques jours d'intervalle, parfois même aux deux jours. C'est en surveillant les gares qu'Andrei Tchikatilo sera repéré. Il avait été interrogé une première fois au tout début des investigations. Ayant des papiers en règle et dirigeant un service d'approvisionnement d'une usine de pièces mécaniques à Rostov, c'est un père de deux enfants qui voyage pour son travail et ne donne pas réellement entièrement satisfaction à son employeur. Bien habillé, l'air avenant, l'homme inspire facilement confiance. Il est filé pendant l'enquête, mais même s'il aborde des gens pour discuter, ne commet aucun crime et rien ne peut être prouvé contre lui. Le tueur s'arrêtera de tuer pendant un certain laps de temps soit toute l'année 1987. Rien n'indique qu'il ne tuait pas au cours de cette période, mais du moins aucun corps n'est découvert et c'est en avril 1988 que la série de meurtres recommence.

Tchikatilo sait comment procéder et demande à ses victimes de l'accompagner dans les bois pour une promenade en leur promettant argent ou friandises et plusieurs le suivent sans méfiance. Il exige qu'elles marchent quelques pas devant lui pour ne pas sembler circuler ensemble. Devant les succès remportés, il devient de moins en moins prudent et tue parfois rapidement, abandonnant les corps près de lieux où il aurait pu être aperçu. Les enquêteurs commencent à cibler certaines gares en particulier, dont trois que semble fréquenter l'assassin. Des policiers en civil s'y installent régulièrement, toutefois plusieurs victimes seront encore retrouvées. Tchikatilo est interpellé à quelques reprises, mais parvient toujours à s'en tirer bien qu'il soit devenu le suspect n° 1. On étudie sa vie et son passé et lorsque les policiers décident de le mettre en état d'arrestation, il se laisse emmener, soumis, presque soulagé bien qu'il demande pour quel motif on l'intercepte. Il répond aux questions de routine lors de l'interrogatoire et persiste à nier les crimes commis. Il fera par la suite plusieurs déclarations écrites, mais toujours obscures et n'admettant rien en soi. Il y mentionne son passé et divers problèmes psychologiques qui l'affligent. Il avouera finalement, le 29 novembre, après l'intervention d'un psychiatre, et explique alors ses crimes et ses attirances. Tchikatilo affirme s'être empêché parfois de sortir par crainte de tuer à nouveau, sachant ne pouvoir résister à la pulsion de mort qui le saisit par moment. Il choisissait ses victimes au cours de ses rencontres, sans intention préalable et dit avoir compris, à un certain moment, qu'il lui fallait voir le sang couler s'il désirait obtenir un orgasme, peu importe que ce soit celui d'un homme, d'une femme ou d'un enfant. Il arrachait parfois les lèvres ou la langue de ses victimes avec ses dents et les avalait. Il mâchouillait également les organes génitaux coupés avant de les recracher et conduira les policiers sur les tombes de certaines victimes.

Tchikatilo, âgé de 56 ans au moment de son arrestation, avouera 55 crimes, mais sera jugé pour 53 et a frappé en Ukraine autant qu'en Russie. L'homme est étrange et apparaît délirant bien qu'il ait toujours semblé mener une vie normale avec son épouse et ses deux enfants. Il a d'abord mené une carrière d'éducateur sportif puis de professeur de lettres russes et, finalement, est devenu ouvrier d'usine. Andrei Tchikatilo a toujours affirmé que son frère aîné avait été dévoré par des voisins lors d'une famine en 1930. Ces derniers auraient déterré le corps de l'enfant pour le dévorer. Quoi qu'il en soit, il est certain que celui-ci a disparu sans laisser de traces. Il est certain que le tueur a eu une enfance malheureuse pendant une période difficile de l'histoire de son pays. Étudiant modèle, sa mauvaise vue constitue cependant un handicap. Ayant des difficultés avec les filles, son développement sexuel se produira plus tard que celui de ses compagnons ; il se sent anormal et a des difficultés d'érection. L'homme effectue son service militaire pendant trois ans et, à l'armée, on se moque de lui pendant que des soupçons d'homosexualité planent à son égard. C'est un solitaire, silencieux et renfermé. Assez fort physiquement, il torture, transporte et enterre seul ses victimes, bien que curieusement il semble craindre sa femme. Pendant 20 ans de mariage, dont 12 années de crimes, celle-ci n'a jamais rien remarqué et soutient qu'il avait toujours une bonne explication lorsqu'elle remarquait ses vêtements souillés. Au procès, qui débute le 14 avril 1992 au palais de justice de Rostov, il est confiné dans une cage et ricane méchamment. À un certain moment, il baisse son pantalon devant le public. Condamné à mort, il est exécuté d'une balle dans la nuque le 14 février 1994. Personne dans sa famille proche, que ce soit sa femme, ses enfants ou sa sœur, ne s'est jamais aperçu de ses problèmes psychologiques. Son gendre le considérait comme un homme doux et trop soumis à sa femme. Tchikatilo n'a pas semblé autrement affecté par le décès de sa mère, mais a commencé à tuer un mois plus tard, en mai 1973. Cette première victime est demeurée inconnue des policiers ou du moins n'a pas été attribuée à ce tueur. Il avait alors 37 ans.

Dans la confession écrite qu'il a laissée, le tueur révèle : « *Je suis conscient d'avoir commis... d'avoir des fantasmes sexuels anormaux. J'ai déjà consulté des psychiatres à cause de mes migraines, de mes pertes de mémoire, de mon insomnie, de ma détresse sexuelle. Mais les traitements ne m'ont fait aucun bien.*»...« *Dans les situations sexuelles perverses, j'éprouve une rage que je ne peux pas contrôler; mes actes non plus je ne les contrôle pas.* » Il écrit avoir vécu des années d'insomnie et de cauchemars et affirme que, dans sa cellule, bien que coupé de tout, il ressent encore ces accès de rage qui l'ont conduit à tant de crimes. « *Je ne veux pas faire obstruction à l'enquête ni aux interrogatoires, mais je ne peux pas tout dire, parce que si je disais tout, les tremblements risqueraient de me reprendre.»* Il affirme également que les images de ses crimes le hantent et qu'il doit lutter contre ses démons. « *Plus je réfléchis, plus je suis persuadé que je souffre d'une espèce de maladie. Tout se passe comme si j'étais l'esclave d'une volonté extérieure. Je ne me contrôlais absolument pas quand je tuais ces gens, que je les frappais. Que j'étais cruel. Aussi ai-je une requête à adresser aux enquêteurs. Je voudrais qu'on me montre à des spécialistes en psychiatrie et sexologie. Je suis prêt à répondre en détail à toutes leurs questions. Tout ce que je souhaite, c'est que les spécialistes sachent la vérité sur moi.* » [1]

Dorothea Puente

Dorothea Puente est propriétaire d'une pension de famille dans un quartier résidentiel de Sacramento. C'est une charmante vieille dame, dévouée et efficace. Elle accepte les cas difficiles, souvent d'anciens itinérants ou des personnes ayant eu ou présentant encore des problèmes d'alcool et de drogues. Dorothea Puente est une femme âgée, menue, aux cheveux blancs et sa grande maison présente un grand jardin bien entretenu. Tout est propre et bien tenu lorsqu'elle fait visiter les lieux à une nouvelle assistante sociale qui lui amène un nouveau résident. L'atmosphère y est conviviale, presque familiale. Doroteah Puente dit avoir beaucoup d'argent, être âgée de 70 ans et ne pas avoir de famille. Elle a donc ouvert cette maison précisant posséder une formation médicale. Les pensions des résidents lui sont directement versées, elle peut ainsi gérer leurs avoirs. À un moment, une assistante sociale effectue deux visites à intervalle et constate que son protégé est en meilleure forme et que tout va pour le mieux. Cependant, les propos réservés envers Puente d'une autre travailleuse sociale la tracassent et elle lui demande plus de précisions. Cette dernière lui signale avoir rencontré une Mme Dorothy Johansen, voilà quelques années, qui tenait une pension semblable et elle y avait placé plusieurs clients. Puis une pensionnaire de 90 ans avait disparu subitement. La vieille femme n'avait pu, considérant son état de santé, partir en voyage comme la directrice de la pension l'affirmait. La femme n'a jamais été revue et, sans famille pour la chercher, on l'oublia. Puis d'autres pensionnaires vinrent se plaindre de vols et de mauvais traitements de la part de Dorothy. La police fit enquête et les langues se délièrent : mauvais traitements, vols des biens et des chèques de pension et Mme Johansen, âgée d'une cinquantaine d'années, finit en prison.

Dorothea Puente est cependant beaucoup plus âgée, mais le pattern ressemble curieusement à cette première affaire. La travailleuse sociale retourne donc sur les lieux et trouve Dorothea travaillant dans son jardin comme une

1. Cullen, 1993.

bonne vieille dame. Celle-ci lui dit que son pensionnaire est toujours troublé par ses visites qui lui rappellent son ancienne vie. Comme tout semble bien aller, la travailleuse sociale décide d'espacer ses visites. Elle y pense peu jusqu'à ce qu'elle le voie revenir au centre pour sans-abri où elle travaille. Refusant de s'expliquer, l'homme la supplie en pleurant de ne pas alerter Dorothea et accepte d'y retourner si la travailleuse sociale ne parle pas de sa fugue. Celle-ci le laisse y retourner non sans inquiétude. Lorsqu'elle se rend effectuer une visite à la maison d'hébergement de Dorothea, elle constate que plusieurs pensionnaires sont absents, se trouvant sans doute dans leur famille à cette période des fêtes. Puente explique qu'elle compte amener ses pensionnaires en vacances au Mexique, ce qui fait partie du programme de réinsertion sociale. D'abord satisfaite de ce projet, la travailleuse sociale songe ensuite qu'un tel voyage présente beaucoup de difficultés et est invraisemblable pour des individus n'ayant jamais quitté leur ville. Le lendemain, elle décide de retirer son pensionnaire de cette maison et tente de rejoindre Puente, sans succès. Elle retourne à la pension, mais la découvre quasi abandonnée. S'y trouve uniquement un vieux monsieur qui lui explique que Doroteah est partie en voyage avec tous les autres. Finalement, celle-ci est de retour avec ses pensionnaires et en avise la travailleuse sociale qui retourne sur les lieux pour n'y retrouver aucun pensionnaire sinon le vieux gardien. Doroteah soutient que tous ont voulu demeurer dans le ranch de sa famille au Mexique. La travailleuse sociale finit par menacer Doroteah d'appeler la police si son protégé n'était pas de retour pour le week-end suivant. Sans nouvelle suite à ce délai, elle retourne à la pension qui semble vide et voit une bêche abandonnée sur le terrain. La porte n'est pas verrouillée et la femme constate que les lieux sont complètement abandonnés et alerte la police. L'endroit est fouillé et on y trouve une tache de sang qui semble avoir été épongée rapidement et des outils de jardinage ayant servi récemment. Les enquêteurs découvrent finalement neuf cadavres sous les rosiers du jardin. La vieille dame est arrêtée deux semaines plus tard dans un bar de Dallas, reconnue par un vieillard à qui elle avait proposé un hébergement. On ne sut jamais combien de personnes elle avait tué et elle n'avoua jamais ses crimes. Jouant le rôle d'une pauvre vieille inoffensive, elle avait en fait 58 ans et non 72, aucune formation médicale ni famille au Mexique. L'enquête révéla qu'elle empoisonnait ses locataires assez facilement puisque tous avaient des médicaments à consommer. Elle les découpait ensuite pour les enterrer dans le jardin et plantait un rosier sur les tombes. Elle purge une peine à perpétuité dans le pénitencier de l'État de Californie.

Louis Poirson

En mai 2000, une auto-stoppeuse de 38 ans de Mantes-la-Jolie est conduite sous la contrainte dans une ferme à La Villeneuve où son agresseur, Louis

Poirson, la ligote, la bâillonne et la frappe violemment pendant quatorze heures. L'homme quitte ensuite les lieux qui font partie d'un chantier de six fermes appartenant à une entreprise pour laquelle il travaille comme tailleur de pierre. Son employeur, effectuant une visite à ce moment, découvre la femme ligotée et donne l'alerte. En fait, Poirson a déjà été condamné en 1996 pour l'enlèvement de trois jeunes filles âgées de 15 à 18 ans qu'il avait prises en stop. Il les avait emmenées dans une ferme du même groupe de bâtiment, mais les adolescentes avaient réussi à s'échapper suite à une inattention de sa part. Poirson avait alors été condamné à trois ans de prison et libéré en 1988. À sa sortie, il retrouve sans problème son emploi précédent. Seul garçon d'une famille de quatre enfants, Poirson est marqué par le décès de sa sœur de 19 ans lors d'un accident routier. Louis Poirson grandit en Alsace où il obtient un CAP de navigation fluviale pouvant lui permettre de devenir marinier sur le Rhin. Il part ensuite effectuer son service militaire, mais ne peut être parachutiste en raison d'un léger handicap. Dans les années 1980, il commet neuf viols dans des parkings de Strasbourg et écope de quinze ans de prison. Lors de ces agressions, certaines victimes subissent un début d'étranglement et sont parfois menacées d'une arme à feu ou d'un couteau. Selon un expert à son procès, l'homme est stimulé par la peur infligée à ses victimes. Poirson est libéré en 1994 et, deux ans plus tard, kidnappe les trois jeunes femmes mentionnées auparavant. Il a alors 32 ans et réside avec une femme de 50 ans, une mère de famille qui garde des enfants pour la DDASS et avec laquelle il se comporte bien. Poirson dessine d'ailleurs pendant des heures avec les enfants qui sont sous la garde de sa conjointe et sculpte avec eux des personnages de Disney.

Dans un des bâtiments désaffectés où a été retrouvée sa victime âgée de 38 ans, il avait aménagé une pièce où il sait pouvoir être tranquille. Il y a disposé un matelas et deux oreillers, entre autres objets, pour avoir un endroit où dormir les soirs où il se dispute avec sa conjointe. Très fort physiquement, de type nerveux, son visage est dur, mais il se montre poli envers les gendarmes. Lors des interrogatoires, il admet avoir tué une dame de 79 ans découverte dénudée en septembre 1999. Il explique avoir voulu la faire monter dans sa voiture, mais elle refusait et frappait sur le capot du véhicule. À ce moment, il soutient avoir revu sa mère dans cette femme hystérique et avoir cédé à une pulsion d'énervement. Lors de la perquisition de son domicile, des bijoux de fantaisie sont retrouvés qui n'appartiennent pas aux précédentes victimes connues. Il affirme les avoir trouvés, mais on croit que ces objets appartiennent à d'autres femmes agressées. On y trouve également la photographie d'une jeune femme terrorisée tentant de cacher son sexe avec sa main, mais elle ne peut être identifiée. Poirson avouera également le double meurtre d'une dame de 67 ans et de sa fille âgée de 44 ans, dont les corps ont été découverts en août 1995 dans un champ. Elles ont été étranglées et leurs visages, tout comme leurs mains, ont été brûlés avec de l'acide afin de retarder leur identification. Ces deux femmes avaient vu Poirson casser la vitre d'une cabane de jardin et dérober leur véhicule. Comme elles le menaçaient de prévenir la police, et que ce dernier ne désirait d'aucune manière retourner en détention, il n'avait eu d'autre choix que de les tuer. Il a alors assommé la plus jeune des deux femmes avant de l'asphyxier avec un sac de plastique puis fait de même pour la plus âgée. S'apercevant ensuite que la dame de 44 ans était toujours vivante, il l'a achevé d'un coup de couteau en plein cœur et brûlé les corps et le véhicule dans lequel les cadavres seront retrouvés un mois plus tard. Lorsque des fouilles sont entreprises près des bâtiments de ferme, le corps d'une Asiatique de 73 ans, disparue en avril 1999, est retrouvé. Poirson dit l'avoir prise en voiture, puis la dame s'est énervée et a uriné dans le véhicule, ce qui l'a mis hors de lui. Il l'a donc poussée, elle est tombée et ne s'est pas relevée. Il soutient, à ce moment, qu'il s'agissait d'un accident, mais finira par avouer l'avoir étranglée. Jugé pleinement responsable de ses actes, il s'excuse auprès de son ex-conjointe et ajoute qu'elle méritait mieux. Poirson subit son procès en 2003 et est condamné à perpétuité. En 2005, il sera condamné une deuxième fois à perpétuité avec une peine incompressible de 22 ans.

Anthony Hardy

Au début des années 2000, Anthony Hardy, 53 ans, est libéré d'un hôpital psychiatrique après avoir été déclaré inoffensif pour la société par ses médecins traitants. Celui qui sera surnommé l'*Éventreur de Camden*, en référence à un quartier londonien, tuera pourtant. En janvier 2002, il se prépare à photographier le corps de sa troisième victime lorsqu'il est interrompu par la police qui se présente suite à la plainte d'un voisin avec qui il s'est querellé. Hardy est arrêté lorsque les policiers découvrent le cadavre dénudé, mais il sera déterminé que la femme est décédée d'une crise cardiaque et l'homme n'est donc pas inquiété à ce moment. Il passe ensuite un temps en observation à l'hôpital St-Luke à Muswell Hill en raison d'une querelle de voisinage et sera libéré en novembre 2002. Un mois plus tard, il étrangle deux femmes à son domicile où sera d'ailleurs découvert le torse démembré d'une de ses victimes. Il tuera ensuite trois prostituées, en démembre deux puis jette les corps dans une benne à ordures près de chez lui. La première est découverte le 30 décembre 2002 par un sans-abri en quête de nourriture. Le deuxième corps, celui d'une femme de 31 ans, est découvert en janvier 2003. Les trois prostituées, qui sont également consommatrices de crack, ont été assassinées dans l'appartement de Hardy qui a longtemps vécu en Australie avec sa femme et ses quatre enfants. Le procureur le décrit comme un obsédé de la pornographie qui aime dominer les femmes. Hardy a décidé de les tuer afin de les photographier dans diverses positions après les avoir étranglées. Il sera condamné en novembre 2003 à la prison à perpétuité, mais l'enquête se poursuit puisqu'on croit qu'il a pu tuer cinq fois encore, soit trois femmes dans les environs de

Londres et deux autres dans le Nottinghamshire, ces derniers crimes irrésolus impliquent des prostituées démembrées.

Robert William Pickton

Robert William Pickton est né le 24 octobre 1949, il tue entre 1978 et 2002, il débute donc ses crimes à l'âge d'environ 29 ans pour cesser lors de son arrestation dans la cinquantaine. Pickton s'en prend à des prostituées des environs de Vancouver en Colombie-Britannique au Canada et les emmène dans sa ferme où il les achève d'une balle dans la tête. Il les découpe ensuite et les donne à manger à ses bestiaux, vend leur chair à des clients et des entreprises de recyclage pour industrie pharmaceutique et congèle les têtes. En 2002, les policiers débarquent chez lui pour une affaire d'armes illégales et trouvent des restes humains dans un congélateur. Accusé d'avoir tué 26 femmes, il reconnaîtra 49 victimes. À un policier infiltré dans sa cellule et qu'il prend pour un autre détenu, il avoue être déçu de ne pas avoir atteint le chiffre de 50 victimes. Le 9 décembre 2007, il est reconnu coupable d'avoir tué six femmes et est condamné à la prison vie sans possibilité de libération avant 25 ans.

Darbara Singh

En novembre 2004, la police de Jalandhar, aux Indes, arrête Darbara Singh, un ancien soldat de 52 ans, responsable de la disparition de 17 enfants, fillettes et garçons âgé de 3 à 10 ans. Par suite à plusieurs témoignages, les autorités avaient pu exécuter son portrait-robot et tendre un piège au kidnappeur. Fabriquant de l'alcool de contrebande qu'il vend à des ouvriers agricoles dont il viole les filles, Singh avait été condamné à 30 ans de réclusion. Mais sa peine avait ensuite été réduite à dix ans et il est libéré en décembre 2003. Engagé comme vigile dans une fabrique de cuir, il poursuit la traque de ses proies. Le lendemain de son arrestation, il emmènera les enquêteurs jusqu'à un champ de canne à sucre où il a enterré les corps de deux cousins, Khurshid, cinq ans, et Ruku, six ans, disparus le 24 octobre 2004. Il les a violés puis leur a tranché la gorge. Cependant, la plupart de ses victimes ont été noyées. Seuls trois cadavres avaient été retrouvés, soit ceux de Rani, Asha et Lalu Pashad, trois enfants de travailleurs étrangers. Une fillette de 11 ans, Nishu, avait été blessée par Singh à Adampur et avait pu donner un signalement de l'agresseur qu'elle a reconnu dès son arrestation. L'épouse de Singh, qui s'est séparée de lui, a dit souhaiter sa mort et il semble que sa pédophilie était connue du voisinage. Pendant 7 mois, 23 enfants ont disparu dans cette région, la majorité ayant moins de 10 ans. Le tueur reconnaîtra avoir tué 15 filles et 2 garçons, dont il a jeté les cadavres dans un cours d'eau, pour la majorité d'entre eux, afin de venger ses années de détention. Il ciblait les enfants d'immigrants non-punjabi, en référence à une communauté ethnique particulière, mais a fait une erreur sur une fillette de famille punjabi ce qui a mené à accélérer la traque à son endroit. Le 7 janvier 2008, il est condamné à mort. Le 30 janvier 2009, la sentence de mort est renversée concernant deux meurtres pour lesquels les preuves ne seraient pas probantes. Il demeure cependant condamné à la perpétuité et son appel sera rejeté.

Douglas Baptista

Capturé en mars 2004, Douglas Baptista est un camionneur brésilien de 52 ans qui avouera avoir noyé ou étranglé huit enfants âgés de 5 à 12 ans au cours des onze années précédentes. La police brésilienne le soupçonne cependant d'avoir commis bien d'autres meurtres. L'homme a dit agir par besoin compulsif et raconté ressentir une intense satisfaction à voir les enfants se débattre dans l'eau avant de mourir. Le tueur avouera n'avoir aucun sentiment de culpabilité ni de remords. Les corps de ses victimes retrouvés jusqu'à présent, soit sept filles et un garçon, avaient les mains et les pieds liés. Le prédateur les attirait en leur offrant des gâteaux et des bonbons ou en leur proposant une promenade dans son camion. Baptista a affirmé n'avoir eu aucun rapport sexuel avec eux. Les assassinats ont été commis à Sao Paulo entre 1992 et 2003. De 1998 à 2000, cependant il a résidé dans une autre ville qu'il refuse de nommer et a demandé à rester en prison pour ne pas céder à la tentation de commettre de nouveaux meurtres.

Song Tiantang

À Linzhang (Hebei) en Chine, Song Tiantang, un chômeur âgé de 52 ans, propose aux familles en détresse une épouse décédée. En effet, la félicité éternelle d'un défunt qui est disparu sans avoir trouvé une épouse tient à un mariage, quel qu'il soit. La famille d'un homme décédé célibataire se met donc en quête du cadavre d'une femme qui sera enterré avec lui afin de l'accompagner dans l'autre monde. Il s'agirait d'une pratique courante dans cette partie de la Chine. Tiantang déterrait donc des cadavres pour fournir des épouses fantômes aux malheureux défunts. Mais il est pris sur le fait, arrêté et passe deux ans en prison. À sa sortie, en 2006, il considère qu'il serait préférable de tuer les jeunes filles à marier. Six croiseront sa route. Tiantang les recueille sur les chemins de campagne leur proposant de les reconduire sur son vélo. Il les étouffe ensuite. Deux d'entre elles étaient des jeunes femmes se rendant chercher du travail, leurs familles ont donc alerté la police qui a réussi à remonter la filière. Après son arrestation, Tiantang a avoué avoir voulu devenir millionnaire et qu'il avait eu l'idée de tuer les femmes recherchées, car les cadavres secs sont moins payants et moins demandés, mais les cadavres frais se vendent plus cher et il avait des dettes à rembourser. L'assassin préférait choisir des déficientes intellectuelles puisque les recherches les concernant sont moins intensives et il les choisissait de préférence en provenance d'une autre région. Il donnait ensuite de faux noms aux cadavres. Pour sa défense, il dit les avoir envoyés au paradis plus tôt qu'elles ne devraient tout simplement. Quatre de ses victimes n'ont pas encore été réclamées.

Vlado Taneski

Un tueur en série, surnommé le *Monstre de Kicevo*, viole et assassine, en Macédoine. Il fera sa première victime en mai 2003 et tuera jusqu'en 2008. Trois femmes seront enlevées, violées sauvagement puis assassinées à Kicevo et seront retrouvées découpées en morceaux. Ceux-ci ont été répartis dans des sacs en plastique et abandonnés dans différents endroits. Le journaliste Vlado Taneski, 56 ans, suit attentivement l'enquête et produit plusieurs articles sur le monstre. Il travaille pour le quotidien *Nova Makedonija* et plusieurs organes de presse de Skopje. Les policiers remarquent cependant que Taneski mentionne dans ses articles des informations qui n'ont pas été révélées au public et commencent à le soupçonner. Finalement les tests ADN confirment que le journaliste est le *Monstre de Kicevo*. Il est remarqué que ses victimes présentaient un même profil et ressemblaient de manière frappante à la mère du journaliste avec qui il avait eu des relations perturbées.

Aino Nykopp-Koski

Cette infirmière finlandaise, née en 1950, est âgée de 60 ans lorsque ses crimes sont découverts. Elle est alors reconnue coupable par un tribunal d'Helsinki d'avoir empoisonné cinq personnes âgées et fait cinq autres tentatives sur des malades entre 2004 et 2009. Elle travaillait alors autant dans des hôpitaux, des centres de soins que chez les patients. Noski utilise des opiacés autant que des sédatifs pour parvenir à ses fins. Arrêtée en mars 2009, elle est déclarée saine d'esprit au moment des crimes même si elle présente des troubles de la personnalité. Aino Nykopp-Koski plaidera non coupable et déclare que les causes des décès des patients concernés sont naturelles ou accidentelles. Elle sera néanmoins condamnée à la réclusion à perpétuité avec une possibilité de libération dans 12 ans. Les psychiatres la considèrent psychopathe et présentant un désordre de la personnalité antisociale, mais apte à comprendre la portée de ses gestes. Aucun motif n'a pu être établi pour ses meurtres. En prison, elle a épousé un homme de 20 ans plus jeune qu'elle et adopté son nom. Bien qu'elle ait toujours nié ses crimes, il a été déterminé qu'elle procédait en injectant des substances pharmaceutiques à ses victimes puis, lorsque la détresse commençait à survenir chez le patient, elle donnait l'alerte. Aino appelait également parfois les familles de ses victimes pour témoigner de son soutien afin que personne ne la soupçonne. Elle avait également été trouvée coupable en mars 2009 d'un assaut aggravé sur un collègue et de vol.

Bruce McArthur

Entre 2010 et 2017, la disparition de plusieurs hommes est constatée à Toronto. Le 18 janvier 2018, un homme de 66 ans, Bruce McArthur, est arrêté. Ce dernier a commencé à fréquenter le village gay de Toronto en 1999. Marié auparavant, il est père de deux enfants, une fille et un garçon. Mais en 2000, le couple doit vendre leur maison à cause d'une faillite et, un an plus tard, Bruce attaque un homme avec un tuyau de métal le jour de l'Halloween. En 2003, il est condamné à deux années avec sursis et il lui est interdit de se trouver en présence de prostitué mâle homosexuel et d'être présent sur le territoire du village gay. Il loue ensuite un appartement dans le quartier Thorncliffe. On lui accordera huit victimes : des hommes âgés de la quarantaine et la cinquantaine sauf un, âgé de 37 ans. Travailleur autonome dans l'aménagement paysager, il enterrait les membres de ses victimes sur les terrains de ses clients. De ce que nous en savons, il aurait commencé à tuer vers l'âge de 50 ans, ce qui est très inhabituel dans le cas des tueurs en série.

Lonnie David Franklin Jr

Celui que les policiers de Los Angeles ont surnommé le *sinistre endormi* est arrêté en juillet 2010. Lonnie David Franklin Jr, né en 1952, vit à South Los Angeles, l'un des quartiers les plus pauvres de cette ville. Il est soupçonné d'avoir tué onze personnes, pour la plupart des prostituées noires. Néanmoins, les policiers ont publié les photos d'environ 180 femmes retrouvées à son domicile afin de vérifier si celles-ci font partie de ses victimes. Il a été surnommé le *Grim Sleeper* (*sinistre endormi*), car il a cessé de tuer entre 1988 et 2002 et n'aurait sans doute jamais été identifié s'il n'avait récidivé après toutes ces années. Franklin a été confondu par une analyse d'ADN familiale. Présenté comme merveilleux et très gentil par ses voisins, les photos saisies chez lui montrent des femmes souriantes dans des poses érotiques. Les autorités savent qu'il a violé toutes ses victimes avant ou après les avoir tuées. Le 7 juillet 2010, il est accusé de 10 meurtres. Il aurait cependant tué onze femmes entre 1985 et 2007. Il a donc sévi de ses 33 ans à ses 55 ans.

Tamara Mitrofanovna Samsonova

Tamara Samsonova, 68 ans, surnommée Granny Ripper ou Baba Yaga, confesse, en août 2015, avoir démembré plusieurs victimes et mangé certaines parties de celles-ci, dont des poumons. Elle aurait fait au moins trois victimes à St-Petersburg. Ex-employée d'hôtel, Samsonova est arrêtée le 26 juillet 2015 après que des caméras de surveillance l'aient montrée transportant des morceaux de sa dernière victime dans des sacs poubelle près de sa résidence. Elle prenait officiellement soin de cette femme de 79 ans et l'avait tuée après une dispute concernant de la vaisselle sale. Samsonova lui avait d'abord donné des somnifères et commencé à scier son corps alors que sa victime était toujours vivante. Elle aurait également tué son propre époux, porté manquant depuis 2005, ainsi qu'un locataire. La vieille femme avouera avoir tué ce dernier et l'avoir découpé avec un couteau dans la salle de bain, puis avoir déposé les morceaux dans des sacs de plastique et les avoir dispersés dans différents endroits du district de Frunzensky. Elle avouera que tous ses crimes étaient délibérés. En fouillant son appartement, il fut découvert des livres d'astrologie et de magie noire ainsi qu'un journal intime écrit en trois langues, soit le russe, l'anglais et l'allemand, dans lequel elle décrit ses crimes. Selon ces écrits, elle aurait fait pas moins de 14 victimes. Après que les habitants du quartier aient commencé à trouver des morceaux de corps humain dans les parages, les policiers ont rapidement remonté la piste jusqu'à la meurtrière, plusieurs témoins l'ayant vu transporté de grands paquets. À son procès, elle avouera : « Je suis coupable, je mérite d'être punie », en soufflant un baiser en direction des journalistes présents. Ses voisins l'ont qualifiée d'asociale et elle a déjà été traitée à plusieurs reprises pour schizophrénie. Elle aurait d'ailleurs été internée en psychiatrie suite à son procès.

Michel Lambin

Michel Lambin sera un criminel endurci jusqu'à ses 67 ans. Né en avril 1950 dans la banlieue nord de Paris, il sera surnommé le *Berger de Caussols*, le *Pougneur* ou le *Berger du Milieu*. Il aurait tué dix personnes et tenté d'en tuer une onzième entre 1983 et 2004. Dès l'école, il a un mauvais comportement et vole sans crainte d'aucune autorité. Il abandonne ses études à 14 ans et, à 17 ans, effectue un premier séjour en prison. Il en fera plusieurs pour vol de voiture, port d'armes prohibées et violences. Il se marie néanmoins à 18 ans et devient père de trois fillettes. Travaillant ensuite comme charcutier et électricien, il est licencié rapidement pour cause de violences et de vol commis à son emploi. Arrêté lors d'un vol, il est alors condamné à sept années de réclusion. Sa femme en profite pour divorcer en obtenant la garde des filles. Lambin, convaincu d'avoir été dénoncé par une connaissance, jure de se venger. Il est libéré en 1981 et, un an plus tard, fait la connaissance de Nicole Rossi qui devient son grand amour. Elle a alors 27 ans et lui 32. Il rencontre ensuite Michel Tasselli, un truand notoire et ami de sa conjointe. Ce dernier rabaisse Lambin devant sa compagne et ce dernier jure de se venger. Dans la nuit du 20 au 21 janvier 1983, vers minuit, il se rend à Cannes où il sait trouver

Tasselli dans sa voiture et l'abat de deux balles dans le corps. Plus tard, ivre, il avouera son crime à Nicole qui ne le prend pas au sérieux. Il tuera ensuite Kamel Guendouz, son beau-frère, dont il démembre le corps et le fait cuire chez des amis. Il le mangera avec de l'ail et du persil. Sa prochaine victime est un dénommé Christian Lepage, un ex-codétenu de Lambin. Puis c'est au tour de Jean-Jacques Villey un ami de la précédente victime. Lambin est un fétichiste qui garde toujours un « souvenir » de ses victimes, tête, pied ou main. Quelques semaines plus tard, c'est au tour de Walter Barbay, puis de Christian Salmon, le nouveau compagnon d'une ancienne maîtresse de Lambin, qui est abattu, mais survit un moment à l'agression et parvient à désigner Michel Lambin comme son agresseur. Ce dernier proteste, mais est conduit en prison. Il sera finalement acquitté, après deux années de détention, défendu par Me Jacques Vergès dont la réputation n'est plus à faire.

Il retourne ensuite demeurer avec Nicole Rossi et tente de renouer avec ses filles qui le rejettent, convaincues de ses crimes. Jusqu'en 1991, il travaille avec sa compagne dans une maison de retraite de Mougins où il est apprécié de tous. On le dit un travailleur exemplaire. En 1993, il s'établit comme berger à Caussois et vit de l'élevage de ses bêtes et du produit de sa ferme. Il renoue enfin avec ses filles et devient grand-père. L'homme semble bien s'être assagi avec l'âge. Il planifie et organise néanmoins l'évasion de plusieurs anciens codétenus et les héberge en disant à Nicole qu'ils viennent de sortir légalement de prison. Le 16 avril 2001, Lambin qui a alors 51 ans, accroche l'un d'eux à l'aide d'un crochet de boucher devant sa porte d'entrée dans sa bergerie et le démembre encore vivant. Les restes sont jetés dans deux seaux. Début mai, il abat un autre homme, le démembre et brûle les restes du corps. En décembre 2002, il exécute le meurtre commandité de Robert Ludi, 33 ans, un gardien d'école d'Antibes trop proche de son ex-compagne au goût du commanditaire du meurtre. La victime est abattue vers 18h30 dans sa voiture. Puis Lambin tue un repris de justice de 36 ans avec des complices et enterre le corps.

Nicole décide ensuite de le quitter et va confesser ces meurtres au prêtre d'une église qui la convainc de se rendre au commissariat, ce qu'elle fait. En juillet 2004, les crimes non résolus causés par Lambin sont enfin connus. Il est question de dix meurtres. Après une année d'enquête qui corrobore les dires de Nicole Rossi, la ferme de Lambin est perquisitionnée en septembre 2005 et on y découvre des preuves de ses crimes. Il est placé en détention provisoire et nie les faits, mais finit par avouer en mai 2009 et sera condamné à 20 années de réclusion. Rejugé en appel, il est condamné cette fois à 18 années de réclusion. En 2011, avec de nouvelles preuves il est à nouveau accusé pour d'autres assassinats, le procès retarde cependant et sa santé se dégrade. Il demande alors à être remis en liberté, ce qui lui est refusé. En 2017, le procès se déroule et il est condamné à la réclusion criminelle à perpétuité avec une période de sûreté de 22 ans, mais va en appel. Le procès connaît plusieurs reports pour se dérouler, finalement, en avril 2021. La condamnation demeure la même. Un nouveau procès pour d'autres meurtres commis par Lambin est prévu, mais n'a pas encore eu lieu.

Jorge Negromonte

Un trio de Brésiliens comprenant Jorge Negromonte, 50 ans, sa femme Isabel Pires, 51 ans, et la maîtresse de Negromonte, Bruna da Silva, 25 ans a tué trois femmes. Ils ont été jugés en 2012 au tribunal de Pernambuco et sont suspectés d'appartenir à une secte nommée *Cartel* dont le but est de purifier et réduire la population mondiale. Les trois victimes auraient été attirées aux domiciles des tueurs puis égorgées, démembrées et cuisinées par leurs assassins. Les tueurs auraient mangé eux-mêmes certains plats composés de chair humaine et en auraient vendu d'autres à leurs voisins. Étrangement, la jeune Bruna da Silva est la fille d'une victime des tueurs, soit Jessica da Silva, qui a été tuée à l'âge de 17 ans. La fillette avait alors été obligée de manger l'une des tartes composées des restes de sa mère pour un supposé processus de purification. Elle aurait ensuite continué de résider avec les assassins de sa mère. Le trio a nié les trois meurtres qu'on lui prête, mais en a reconnu six autres. Les dépouilles partielles de deux victimes ont été retrouvées enterrées dans leur jardin. Le frère de Jorge a témoigné que celui-ci ne pouvait être cannibale puisqu'il était végétarien ! En novembre 2014, les deux femmes sont condamnées chacune à 20 années de détention et l'homme du trio à 23 années de détention.

Chisako Kakehi

Arrêtée en novembre 2014, Chisako Kakehi, 70 ans, surnommée la veuve noire, est condamnée à mort au Japon en novembre 2017 pour le meurtre de trois de ses époux et tentative de meurtre sur un quatrième. Utilisant le cyanure pour parvenir à ses fins, ses meurtres étaient prémédités et bien préparés. Elle a 61 ans lorsque débutent ceux-ci et passe entre les mailles du filet jusqu'au meurtre d'Isao Kakehi. Son premier mariage durera 25 ans avant que son époux décède de maladie en 1994. En 2007, elle entre en relation avec Toshiaki Suehiro, 78 ans. Le 18 décembre 2007, elle lui administre une capsule de cyanure camouflé dans des suppléments alimentaires consommés par le vieillard. Moins de 15 minutes plus tard, il s'effondre dans la rue et à l'hôpital les médecins concluent à un cas d'asphyxie interne. Kakehi l'accompagne à l'hôpital, mais s'identifie par un pseudonyme. L'homme survit à sa pénible expérience avec cependant des séquelles importantes, il mourra un an et demi plus tard d'une maladie sans lien avec l'attentat. La veuve noire lance ensuite son dévolu sur Masanori Honda, 71 ans. Le 9 mars 2012, il décède lors d'une promenade en moto. Kakehi n'avait aucun plan pour vivre avec lui. En août

2013, Minoru Hioki, 75 ans, fait sa connaissance et une amourette se développe. Rapidement, il lui demande de vivre ensemble. Le couple mange souvent en commun et se partage entre la résidence de l'un et de l'autre. Le 20 septembre suivant, Hioki, qui prend aussi des suppléments, s'effondre après le repas. Le temps que l'ambulance arrive, il respire difficilement et râle. L'homme dira ne pas avoir de famille et souffrir d'un cancer des poumons en phase terminale, ce qui est faux. Il refuse les soins offerts et meurt dans les deux heures suivantes.

Deux mois plus tard, en novembre 2013, Kakehi épouse sa dernière cible, Isao Kakehi. Après un mois de mariage, elle cherche en secret un nouvel homme et, dans les semaines suivantes, son nouvel époux souffre d'arrêt cardiopulmonaire après avoir mangé un repas à la maison. Elle appelle l'ambulance, mais l'homme meurt une heure plus tard. Ce nouveau décès de plus dans l'entourage de la femme alerte les policiers qui débutent une enquête. Une autopsie révèle du cyanure dans le corps de sa dernière victime. Les policiers trouveront des pilules de suppléments santé et des capsules vides dans l'appartement de la veuve noire. Dans un autre de ses appartements, les policiers découvriront du matériel permettant d'administrer des médicaments ainsi que des livres médicaux. Elle obtenait le cyanure par le biais de son emploi dans une imprimerie. La meurtrière en série est finalement arrêtée le 20 novembre 2014 et, deux mois plus tard, confesse les meurtres de Honda, Hioki et Suehiro à l'aide de capsules de cyanure. On soupçonne quatre autres meurtres dont elle ne sera pas accusée cependant. Ces quatre autres victimes vivaient dans des villes différentes, avaient des emplois divers et aucune connexion n'est faite entre eux, sauf… leur conjointe qui n'est autre que Chisako Kakehi. L'âge et l'isolement de ses proies en faisaient des cibles parfaites de qui elle obtint une fortune. Dans une interview accordée en 2019 pour un journal local, la veuve noire exprime sa résignation et une clarté occasionnelle devant ses actes. Elle cherchait ses conjoints par le biais d'agences matrimoniales ciblant des hommes riches, âgés, sans enfant et vivant seul. Tuant pour l'argent, elle avait réussi à accumuler un milliard de yens (environ 7,6 millions d'euros) sous diverses formes avant de perdre une bonne partie de sa fortune dans des placements hasardeux. Ses avocats iront en appel, suite à la sentence de 2017, lequel est rejeté en 2019. Puis ils plaident la démence. Mais le 29 juin 2021, la sentence de mort est confirmée pour la femme de 74 ans. Je n'ai pu trouver la date de l'exécution, elle est donc peut-être toujours en vie.

Sofia Zhukova

Sofia Zhukova, née en 1939, au village de Zvyagino en Russie, apprend difficilement à lire et écrire et travaillera comme ouvrière. Elle se marie et a deux fils. Son époux décède en 2005 et c'est suite à ce décès que son caractère se modifie. Elle confronte souvent ses voisins et les menace, mais personne ne la prend au sérieux. Le 14 décembre 2015, elle tue pourtant une petite voisine de huit ans, Anastasia Alexeenko, avec une hache et démembre son corps, enveloppe les morceaux de celui-ci dans des sacs pour ensuite les jeter à la rue. Elle avouera plus tard l'avoir tuée parce que la fillette faisait du bruit et courait partout. Deux semaines plus tard, un voisin découvre les morceaux de la fillette, mais à ce moment personne ne soupçonne la vieille dame aigrie. En mars ou avril 2013, elle tue une amie âgée de 77 ans, Anastasia Mikheeva qui la visitait à son appartement. À nouveau, elle utilise une hache et démembre le corps dont les morceaux seront à nouveau découverts par des gens du voisinage. Pour ce meurtre, elle expliquera que sa victime était devenue arrogante envers elle. À ce moment, elle est suspectée et explique le sang découvert chez elle par un saignement de nez lié à de la haute pression, elle ne sera pas inquiétée plus avant. Dans la nuit du 28 au 29 janvier 2019, c'est un concierge de 57 ans, Vasily Shlyakhtich, qui devient sa prochaine victime. Ses restes seront découverts par un enfant de dix ans dans les ordures. La vieille femme est interpellée en janvier 2019, elle a alors 79 ans. Outre les trois victimes connues, les policiers croient qu'elle en a exécuté au moins quatre autres. Il semble qu'elle cuisinait les restes de ses victimes et les donnait à manger aux enfants du quartier. Lors de la perquisition à son domicile, des restes d'intestins humains ont été retrouvés dans son réfrigérateur. Sofia Zhukova est décédée le 6 janvier 2021 du COVID-19 dans la prison russe où elle attendait son procès, à l'âge de 81 ans.

Évidemment, pour pouvoir étudier leurs cas, il faut que ces tueurs en série aient été identifiés et capturés ce qui limite nos connaissances concernant le fait qu'ils aient continué ou non de tuer à un certain âge. Néanmoins, leur nombre permet de constater que plusieurs sont encore actifs passé la cinquantaine et que ce type de criminel peut demeurer actif à un âge où le criminel moyen cesse ses activités. Un tel individu est avant tout un être qui porte un masque et le psychiatre Robert Hare le définit comme un prédateur social qui charme, manipule et abuse de son entourage. D'autant plus s'ils ressemblent à un inoffensif grand-père ou une nanny. Ce type de tueur ne ressent pas de remords ni d'empathie et démontre une incapacité à reconnaître les règles conventionnelles et morales. Le tueur en série se distingue plus particulièrement par une tendance à répéter le même type de crimes et il est toujours étonnant de constater qu'au dehors des actions répréhensibles qui lui sont attribuées, il peut mener une vie parfaitement normale. Près des deux tiers de ceux-ci débutent leur vie dans une famille normale et sans distinction particulière, dont 80% appartiennent à la classe moyenne ou supérieure. Le tueur en série a un motif psychologique pour commettre ses crimes, le plus souvent la rage et le sexe ce qui rend étonnant le fait de poursuivre ses crimes à un âge avancé et, encore plus curieux, de commencer à tuer à un tel âge. À moins qu'à ce moment un problème biologique non identifié entre en cause ou encore une certaine liberté retrouvée suite au décès d'un conjoint par exemple. Quoi qu'il en soit, le tueur en série vit dans et à travers ses fantasmes et le lieu du crime représente pour lui la réalisation d'une mise en scène qui assouvit ceux-ci. Les victimes sont souvent choisies au hasard, mais parfois sélectionnées selon des critères particuliers. Il semble que les tueurs en série à un âge plus avancé ciblent leurs victimes parmi leur entourage, pour l'une ou l'autre raison. L'aspect financier n'est pas à dédaigner entre autres.

La psychiatre Helen Morrison a longuement discuté avec 80 meurtriers en série et mentionne qu'ils sont incapables de nouer de véritables relations avec leurs pairs, mais peuvent jouer un rôle à la perfection. La plupart d'entre eux ne maltraitent pas leurs proches, la famille constituant un cadre dans lequel ils peuvent fonctionner normalement, et réagissent bien dans un environnement qui leur impose des limites car, en effet, la plupart se révèlent des prisonniers modèles. Dans son quotidien, ce type de criminel se conforme donc à ce qui est attendu de lui, c'est pourquoi son entourage est surpris lorsque sa violence est mise à jour. La plupart d'entre eux n'accomplissent pas leur forfait au domicile de leurs proies, celles-ci sont plutôt entraînées dans un lieu défini, aménagé par le tueur ou encore elles sont assassinées en pleine nature ou dans la voiture du prédateur pour être ensuite abandonnées. Robert K. Ressler, agent retraité du FBI, souligne que le tueur en série sévit habituellement dans son groupe ethnique et que le crime le plus ancien commis par un tel individu est le plus révélateur, car c'est celui qui sera le moins parfait, l'assassin en étant au niveau de faire « ses classes ». C'est également le crime qui sera commis le plus près de son domicile. Le processus du tueur en série évolue donc au fil de ses crimes et il a presque toujours des antécédents criminels, connus ou non, mais habituellement de moindre importance que le meurtre, il peut s'agir par exemple de vol, d'incendie criminel, d'attouchement, etc. Bien qu'exécutant ses méfaits le plus souvent à l'intérieur d'un territoire précis, il est difficile à capturer, car les policiers se retrouvent devant des crimes apparemment sans motifs. Le fait que des tueurs en série plus âgés s'en prennent à des gens à proximité peut mener à les mettre hors d'état de nuire plus rapidement. Il existe parfois un élément déclencheur les menant à accomplir leur premier meurtre, mais cet aspect n'est plus nécessaire dès le second homicide qui n'a plus besoin de motivation autre que la commission de l'acte en soi.

Des études ont été menées concernant le développement d'une telle personnalité déviante et il a été souligné que ce genre d'individu est considéré très tôt par ses parents comme un enfant hyperactif psychiquement et physiquement, doué d'une intelligence moyenne ou supérieure et aime à se procurer des sensations fortes en bravant les interdits. Il apprend également tôt à se trouver des excuses, est agité, irritable et le plus souvent mécontent. Avant l'âge scolaire, le futur tueur en série commence à voler, mentir, tricher et chercher la bagarre. Ce sont des asociaux qui empruntent volontairement la voie du crime et considèrent comme un défi de se soustraire au châtiment. Ils arrivent à se déconnecter de leurs peurs et tous se considèrent comme gentils, respectables et généreux. Curieusement, il est vrai qu'ils accomplissent parfois des actions sociales valables tel du bénévolat ou secourir un accidenté.

La plupart des spécialistes en la matière admettent que nous ne savons pas encore réellement ce qui désigne une proie pour l'un ou l'autre tueur en série. Celui-ci l'ignore lui-même parfois, mais certaines études semblent démontrer qu'il existe une part expérimentale dans ce comportement. Par ailleurs, le meurtre accompli pourrait être qualifié de drogue ou d'une forme de dépendance, ce que plusieurs de ces criminels ont effectivement décrit. Une telle addiction peut être définie comme une envie répétée et irrépressible à laquelle un individu ne peut se soustraire et qui va même parfois à l'encontre de sa propre volonté. Ce qui, à nouveau, rend étonnant le fait de commencer à tuer à un âge avancé, mais explique le fait de poursuivre ses crimes en vieillissant. Le meurtre deviendrait ainsi une sensation à renouveler sans cesse, un besoin de tuer pour calmer cette pulsion ou cette envie qui les habite tout comme d'autres vont se saisir d'un verre d'alcool ou d'une cigarette. Nous ignorons encore pourquoi un individu deviendra un tel tueur.

Les tueurs en série qui continuent de tuer à un âge avancé poursuivent le parcours déjà débuté et ne changent pas le choix de leur victime. Leur motivation semble intacte et similaire à leurs jeunes années. Seule leur condition biologique vieillissante pourrait les ralentir, d'où peut-être le choix de victimes proches. Comme le précise Luc Lévesque dans son mémoire de maîtrise (1996), un meurtre représente une démonstration de pouvoir de la part de l'agresseur. Un asservissement est donc recherché par celui-ci. Leur mode d'action demeure. Plusieurs tueurs d'enfants affichent un passé de délinquance et avouent des fantasmes les ayant conduits à commettre leurs actes criminels. Plusieurs d'entre eux savent se donner une apparence inoffensive tant par leur physique que par leur comportement, on se méfie encore moins de personnes âgées ressemblant à un bon grand-père ! Avec le vieillissement néanmoins, ce désir de traque semble s'atténuer chez certains, mais persiste chez d'autres avec toutefois moins de capacité d'accomplissement. Pour les tueurs qui utilisent le meurtre comme résolution de problèmes, ils ne ressentent pas de pulsion les obligeant à tuer, mais font plutôt face à des problèmes qu'ils considèrent ne pouvoir régler que par le meurtre. Ils ne sont pas de la même trempe que les traqueurs et paniquent parfois après le crime sans savoir réellement pourquoi ils ont agi ainsi. Pour eux, tuer n'est pas une nécessité ressentie ou qui leur amène de la jouissance, mais plutôt une solution définitive à un problème. Ce qui implique qu'il est possible qu'ils perpétuent un tel processus jusqu'à la fin de leur vie. Ce choix cependant démontre un manque d'empathie envers la victime qui ne devient alors qu'un être dépersonnalisé à éliminer. Les tueurs en série sont des prédateurs guidés par un instinct morbide auquel ils ne peuvent ou ne veulent résister. Quoi qu'il en soit de leur motivation, de toute évidence il ne faut jamais les considérer comme inoffensifs.

Conclusion

Comme nous l'avons vu, le vieillissement est un processus irréversible qui débute ou s'accélère lorsque l'organisme atteint sa maturité et consiste en un processus de détérioration du corps à divers niveaux. La personne âgée peut souffrir de divers troubles psychologiques comme tout membre de la société à tout âge. Certains déséquilibres dans la chimie du cerveau liés à l'âge cependant peuvent contribuer à l'apparition de ces troubles. Par ailleurs, une perte d'autonomie ou de contrôle sur son environnement peut également mener une personne âgée à un certain désespoir ou à de la colère. Ne voyant pas d'issue et sachant qu'elle ne pourra pas retrouver sa jeunesse et force d'antan, il arrive parfois que la solution ultime soit envisagée. Des pertes anticipées, suite à l'apparition d'une maladie pour la personne elle-même ou des membres de son entourage, enfant adulte handicapé ou conjoint, peuvent également mener à une forme de désespoir. Des personnes présentant déjà un caractère anxieux à l'âge adulte risquent d'avoir de plus en plus de difficultés à faire face à ce genre de situations.

De même, une personne dont les fonctions cognitives sont atteintes peut présenter un comportement perturbateur. Le trouble du comportement peut être un trouble de l'humeur et, dans ces cas, la personne peut être méfiante en raison de ses pertes de mémoire, de l'altération de son jugement et peut croire être victime de méfaits imaginaires. Ce qui peut mener à des conflits avec ses proches. Dans un tel état, la personne peut également s'illusionner ou halluciner. Il peut y avoir également un trouble du comportement sur fond psychotique, trouble délirant paranoïde, agitation motrice, hallucinations, etc. Le délirium peut également être présent. Par ailleurs, l'accumulation de divers événements chez la personne âgée, soit un ou plusieurs décès dans l'entourage, l'obligation de quitter sa demeure, notamment. peuvent avoir des répercussions importantes sur la santé et le bien-être psychologique de l'individu. Il y a parfois aussi des problèmes chroniques, relationnels, en lien avec la santé et un manque de services, qui contribuent à augmenter le stress chez la personne qui se sent de plus en plus démunie. Cela peut mener à une difficulté d'adaptation à la situation ou à trouver une résolution de problème irréaliste ou encore inadéquate. La réaction à un élément stressant tient à l'aspect cognitif de l'individu lui permettant d'analyser celui-ci et de songer à diverses stratégies ou demandes d'aide, puis aux traits de caractère de la personne elle-même et à ses méthodes de réaction habituelles. L'accès à des ressources et la capacité ou la volonté d'y faire appel jouent également.

Le vieillissement peut également engendrer diverses formes de démence affectant ainsi le caractère de la personne atteinte tout comme ses réactions, qu'il s'agisse de la maladie d'Alzheimer ou de la démence vasculaire. Chez certaines personnes atteintes de démence, on peut noter des comportements agressifs verbaux ou physiques affectant autant l'entourage familial qu'hospitalier ou en résidence pour aînés. Diverses interventions autant psychosociales que médicales peuvent être mises en place, mais il est parfois difficile de prédire un comportement qui atteindra un degré de violence insoupçonnée. Par ailleurs, d'imperceptibles accidents vasculaires peuvent se produire et, passant inaperçus, demeurent insoupçonnés. Il est donc difficile, à ce moment, d'aider l'individu qui lui-même ne comprend pas ce qui motive ses comportements.

L'alcoolisme peut parfois être en cause devant le comportement agressif d'un aîné. Une telle consommation peut varier en fonction de l'âge, du genre, du statut socio-économique et d'autres paramètres. Les experts croient que le nombre de personnes âgées qui consomment exagérément des boissons alcoolisées est plus élevé qu'on ne le croit. Leur entourage niant souvent une telle dépendance ou encore tentant de la camoufler par respect pour la réputation de la personne âgée. Une consommation abusive d'alcool amène cependant diverses problématiques sociales et biologiques, tels une dégradation de l'état de santé, un repli sur soi, des pertes de mémoire, une dépression, des chutes, des problèmes de digestion, une perte d'appétit, etc. Certains aînés consomment trop en raison des deuils et pertes fonctionnels qu'ils vivent en vieillissant et peuvent également mêler alcool et médicaments. Le processus normal du vieillissement implique des changements physiologiques qui augmentent la vulnérabilité à l'alcool. Ceux-ci s'accentuent avec les années et les effets de la consommation d'alcool deviennent plus prononcés et durent plus longtemps.

Par ailleurs, il apparaît évident pour la majorité des chercheurs, que l'avancée en âge modifie les performances intellectuelles à la baisse pour diverses raisons. Le déclin de certaines habiletés intellectuelles, mais pas toutes, s'accélère lors du passage de l'âge adulte à un âge plus avancé, que cela concerne l'intelligence fluide, la mémoire et la vitesse perceptive ou encore l'intelligence cristallisée qui demeure stable jusqu'à 79 ans avant de décliner. Le vieillissement entraîne donc un déclin de diverses facultés, mais non de manière homogène parmi la population et de façons variables selon les habiletés. Ce qui peut influer sur la résolution de problème, qui consiste à générer une stratégie ou une solution pour résoudre une difficulté, pouvant ainsi expliquer, à l'occasion, le choix désastreux de celle-ci, soit la violence. De même, la diminution des performances cognitives avec l'âge serait liée à la vitesse de traitement des informations ainsi qu'à la difficulté de traiter plusieurs informations au même moment. Si plusieurs problématiques difficiles à gérer surviennent pendant une période donnée, il est possible que l'individu se sente dans une situation ingérable et choisisse une solution nettement inadéquate pour en sortir. À un âge avancé, on note également une difficulté à sélectionner les éléments réellement importants lors de l'évaluation d'une situation problématique, ralentissant ainsi le processus d'analyse et parfois amenant une mauvaise interprétation de la difficulté rencontrée. Cela menant, à nouveau, à une prise de résolution de problème totalement inadaptée. La vie de couple quant à elle peut se transformer autant en fonction des modifications qu'entraînent le vieillissement chez l'un et l'autre des partenaires qu'en raison des évènements qui ont jalonné leurs vies ou qui surviennent à un âge plus avancé. Une rancœur contenue peut trouver son terme, le désir de changement après des années d'hésitation peut également mener à une action violente.

Il existe aussi des préjugés positifs envers les personnes âgées, mais ce ne sont pas toutes de bonnes personnes : certaines, au cours de leur vie, ont fait preuve de violence. Il n'est donc pas surprenant qu'elles conservent un tel comportement jusqu'à un âge avancé. Un individu criminalisé tout au long de sa vie deviendra rarement un citoyen modèle sur ses vieux jours. Le degré de réponse agressive varie dépendamment du sujet ou encore des réponses d'évitement ou compensatoires que la personne aura réussi à développer au fil du temps. Mais chez certains criminels âgés, rien ne paraît pouvoir expliquer leur accès de violence sinon une problématique biologique méconnue ou encore un état de détresse qui n'a pas été compris par l'entourage. Ainsi, dans les cas de meurtres par compassion que nous avons examinés, il est évident qu'un manque de support est en jeu. En effet, si les individus avaient trouvé de l'aide adéquate leur permettant de pouvoir envisager un avenir acceptable, il est possible que plusieurs drames aient pu être évités. Même si leur conjoint ou conjointe voit sa situation physique ou mentale se détériorer, si le support et l'aide sont adéquats, il y a souvent moyen d'amoindrir la complexité de la situation et de la rendre acceptable à moyen ou long terme. Malheureusement, trop souvent, les aidants naturels âgés bénéficient de support insuffisant et l'épuisement les mène à choisir une solution irréversible. Parfois c'est l'incapacité à voir se dégrader physiologiquement, psychologiquement et intellectuellement leur compagne ou compagnon de plusieurs années qui devient insupportable. Dans ces cas, il est rare de pouvoir procurer un support adéquat puisque l'état de l'individu atteint ne peut qu'empirer, mais peut-être qu'un meilleur support psychologique permettrait au proche aidant d'envisager un avenir serein malgré tout. De ce fait l'exclusion sociale vécue par plusieurs est à combattre.

Certains criminels ne pourront qu'être considérés comme des personnes inadaptées à la société jusqu'à la fin de leurs vies. Nous avons vu que certains tueurs en série poursuivent leurs crimes malgré leur avancée en âge, celle-ci n'est pas garante de sécurité. Il convient donc de tenir à l'œil des individus ayant commis des crimes, surtout à répétition, au cours de leur vie. Le vieillissement de la population mondiale ne peut qu'amener plus de cas de crimes majeurs commis par des personnes aînées. Même si elles sont le plus souvent présentées comme plus fragiles, en moins bonne santé, parfois diminuées psychologiquement, il n'en demeure pas moins, comme nous l'avons vu dans cet ouvrage, que quelques-uns d'entre eux peuvent être dangereux. Certains l'ont été tout au long de leur vie, d'autres le sont devenus. Peut-être de nouvelles recherches sauront-elles nous éclairer en indiquant plus précisément les personnes à risque de passer à l'acte. Ainsi des chercheurs en neurosciences de l'Université McGill, au Québec, dont Jose Maria Restrepo ont mis au point un score génétique permettant de détecter les tendances à l'impulsivité. Ce qui pourrait permettre de cibler une forme de dangerosité chez les gens de tous âges, l'impulsivité étant un facteur de risque à considérer concernant divers comportements inadéquats. Ainsi les gens impulsifs prennent plus de risques, peuvent avoir des comportements dangereux, des relations sexuelles non protégées, notamment. L'impulsivité peut également être liée à la toxicomanie et à certains troubles comme la dépression. Cette capacité à contrôler l'impulsivité s'améliore de l'enfance à l'âge adulte, mais on dit souvent que les aînés retombent en enfance. Serait-ce une piste à suivre ?

Le nombre de personnes âgées incarcérées pour crime est suffisant pour que diverses législations européennes aient mis en place des mécanismes les concernant, surtout envers les individus très âgés ou malades. En France, une loi votée le 4 mars 2002 stipule qu'une suspension de peine peut intervenir « pour les condamnés dont il est établi qu'ils sont atteints d'une pathologie engageant le pronostic vital ou dont l'état de santé est incompatible avec le maintien en détention. » Diverses expertises médicales doivent confirmer un tel statut. Avant cette loi, seule une grâce présidentielle pouvait permettre de libérer un détenu et il n'existait aucune limite d'âge pour la détention. Il est estimé à plus de 1700 le nombre de détenus âgés de plus de 60 ans en France et une vingtaine âgée de plus de 80 ans. De semblables dispositions sont déjà en vigueur en Italie dont un article du Code pénal stipule, sans mentionner d'âge ni d'état de santé, que si la durée de la peine restant à purger ne dépasse pas cinq ans, un détenu peut être libéré. Diverses conditions doivent être remplies auparavant selon les crimes commis et le nombre de temps déjà purgé. En Espagne, il est question de l'âge de 70 ans pour un règlement en lien avec les détenus âgés et qui doivent de même remplir diverses conditions. En Allemagne, l'article 92 du Code de procédure pénale prévoit que les détenus ayant dépassé l'âge de 70 ans ou qui l'atteindront pendant la durée de leur peine, ainsi que ceux qui souffrent de maladie incurable, peuvent obtenir une libération conditionnelle. Pour la Grande-Bretagne, la libération d'un détenu âgé peut rejoindre la procédure concernant des raisons humanitaires, mais ne semble pas concerner l'âge du détenu en soi. Il en est de même pour plusieurs autres pays où la situation semble évaluée au cas par cas. Mais l'arrivée de détenus de plus en plus âgés et de plus en plus nombreux pourra en amener à revoir leur code de procédure en fonction de l'état de santé et des demandes particulières que pourraient requérir l'incarcération de tels prisonniers.

Quoi qu'il en soit des causes, il convient de ne pas prendre à la légère les actions violentes commises par les personnes âgées. Nous avons souligné que, le plus souvent, leurs victimes sont des personnes proches, qu'ils côtoyaient, parfois plus vulnérables qu'elles-mêmes agresseures. La criminologie et la sociologie ne peuvent, par conséquent, que faire une place de plus en plus grande à l'étude de la criminalité gérontologique.

Bibliographie

Bizier, Hélène-Andrée (1981). *La petite histoire du crime au Québec.* Montréal, Stanké, 222 p.

Borniche, Roger (1994). *Ces crimes qui dépassent la fiction.* Paris, Presses de la Cité, 348 p.

Borniche, Roger (1995). *Ces crimes de fous.* Paris, Presses de la Cité, 362 p.

Borniche, Roger (1997). *Ces crimes passionnels.* Paris, Presses de la Cité, 359 p.

Collectif (2013). *Les crimes du Québec.* Montréal, Éditions Caractère, 256 p.

Collectif (2008). *20 ans de faits divers. Enquêtes sur les crimes qui ont secoué la France.* France, Points, 241 p.

Cullen, Robert (1993). *L'ogre de Rostov.* Paris, Presses de la Cité, 235 p.

Dansereau, Dollard (1974). *Causes célèbres du Québec.* Montréal, Leméac, 201 p.

De La Brosse, Sabine (1983). *Crime à l'insuline.* Paris, Lattès-Paris-Match, 236 p.

Dietrich, K. Malcolm (1994). *Dossier meurtre.* Paris, Presses de la Cité, 555 p.

Douglas, John, Olshaker, Mark (1997). *J'ai traqué les serial killers.* Monaco, Éditions du Rocher, 405 p.

Duchemin, Mylène (1998). *Analyse critique de la théorie du FBI sur les tueurs en série.* Thèse de maîtrise ès arts en sociologie, Université d'Ottawa, 104 p.

Guillaume, Marcel (2005). *Mes grandes enquêtes criminelles.* France, Éditions des Équateurs, 399 p.

Guinet, Cyril (2008). *13 histoires de dépeceurs.* Genève, Éditions Scènes de crimes. 287 p.

Haines, Max (2003). *True Crime Stories.* Toronto, Key Porter Books Limited, 330 p.

Himonet, François (2000). *Les monstres sont parmi nous.* Paris, Albin Michel, 295 p.

Jacta, Maximilian (1968). *Accusé, levez-vous. 19 grandes affaires judiciaires des U.S.A.* Belgique, Éditions Gérard & Co. Verviers, 375 p.

Jallieu, Étienne (2006). *L'année du Crime. Histoires vraies.* Genève, Éditions Scènes de Crimes, 171 p.

James, Mike (2004). *Ces femmes qui tuent sauvagement.* Suisse, Éditions Scènes de crimes. 267 p.

Lamontagne, Kathryne (2014). *Le dernier procès. L'affaire Jacques Delisle.* Montréal, Stanké, 247 p.

Lebel, Andrée (1978). *Crimes plus que parfaits, parfaits et imparfaits.* Montréal, Éditions Libre Expression, 185 p.

Lévesque, Luc (1996). *Les multicides sériels aux États-Unis de 1900 à 1994.* Thèse de maîtrise ès arts en sociologie, Université d'Ottawa, 128 p.

Marlowe, John (2012). *Tueuses en série.* France, Original Books, 340 p.

Odell, Robin (2010). *The mammoth book of bizarre crimes.* Philadelphie, Running Press Book Publishers, 478 p.

Oudin, Bernard (1975). *Le crime et l'argent.* Paris, Laffont-Tchou, 429 p.

Pollak, Émile (1975) *La parole est à la défense.* Paris, Robert Laffont, 326 p.

Poupée, Aurélie (2008). *Crimes de familles.* Genève, Éditions Scènes de Crimes, 195 p.

Proulx, Daniel. (1996). *Les grands procès du Québec.* Montréal, Stanké, 257 p.

Proulx, Jean, Cusson, Maurice, Ouimet, Marc (1999). *Les violences criminelles.* Québec, Presses de l'Université Laval, 353 p.

Reouven, René (1986). *Dictionnaire des assassins.* Paris, Éditions Denoël, 429 p.

Restrepo-Lozano, J.M., Pokhvisneva, I., Wang, Z. *et al.* Corticolimbic *DCC* gene co-expression networks as predictors of impulsivity in children. *Mol Psychiatry* 27, 2742–2750 (juin 2022).

Richard, Pierre (1984). *Les crimes sexuels.* Montréal, Éditions Quebecor, 174 p.

Roland, Paul (2009). *Les experts. Scènes de crime.* France, Music & Entertainment Books, 302 p.

Roland, Paul (2011). *Investigations. Scènes de crime.* France, Original Books, 312 p.

Table des matières

Introduction 9

Chap. 1 - Meurtrier(ères)s de 50 à 59 ans 13

A. Mobile financier **13**
Claus von Bülow 13
Dr Charles Friedgood 15
Simone Weber 16
Jean Daddow 19
B. Se débarrasser de quelqu'un 20
Styllou Christofi 20
Élizabeth Duncan 21
C. Rage et jalousie 23
René Brunet 23
Jean Harris 23
D. Désespoir 25
John Bauer 25
E. Alcoolisme et violence 25
Renaat 25
F. Prédateur récidiviste 26
Albert Fish 26
Christian Beaulieu 27
G. Troubles mentaux 27
Yves Bureau 27
Manuela Rodriguez 28
Jacqueline Sanders 29

H. Légitime défense 29
Bernadette Dimet 29
I. Rage 29
Anwar Goolfee 29
Jean-François Mourrain 30
Gérard Plante 30
J. Compassion 31
Hilde 31

Chap. 2 - Meurtrier(ères)s de 60 à 69 ans 35

A. Mobile financier 35
John W. Webster 35
Jeannine Fabre 37
B. Rage 37
Théophile Tarteret 37
Annette Proulx 38
Michel Thomée 39
Antoine Lhéritier 39
Drame conjugal à Valette 40
Joseph Orsoni 40
Oleg Sokolov 40
Drame en Seine-et-Marne 41
Jean-Guy Godbout 41
Terry Oligny 41
Joseph McKinnon 42
Une explosion 42
C. Troubles mentaux 42
Georgette Paradis 42
Thomas Bernard Brigham 43
Monique Bertaud 44
Richard et Bernard L 45
Stewart Greene 45
Mohieddine D 45
D. Se débarrasser de quelqu'un 46
Marie-Élisabeth Cons-Boutboul 46
Ruth Neslund 47

E. Légitime défense 49
Stephan Turk 49
Mort d'un cambrioleur 49
F. Compassion 50
Un fils de 62 ans 50
G. Désespoir 50
Danièle Careddu 50
Roland Anstotz 50
Drame à Savigné 51

Chap. 3 - Meurtrier(ères)s de 70 à 79 ans 53

A. Rage et violence 53
Yoshio Kiuchi 53
Mbaye Rocky Diop 54
Marcel Ruffet 54
Maurice Biniashvilli 54
Zine Elabidine Hajouji Idrissi 55
Pierre Courtois 55
Rage meurtrière 56
Denys Carpentier 56
Alain Castonguay 56
Un colocataire meurtrier 57
Howard-Charles Kirby 57
Drame conjugal 58
B. Légitime défense 58
Gustave M. 58
René Galinier 58
Michel Cadet 59
C. Jalousie 60
Lena Driskell 60
D. Compassion 60
Herbert Lenner 60
Un conjoint dépassé 61
Jean-Pierre 61
Une mère à bout 62
Un père épuisé 62
Jean-Pierre Lance 62

Partir ensemble ... 62
Meurtre suivi de suicide ... 63
E. Troubles mentaux ... 63
John W. Mabie ... 63
Louis Dethy ... 64
Peter Brooks ... 65
Jean Gay ... 65
Jean Pierard ... 66
Folie meurtrière ... 66
Drame dans l'Indre ... 67
Un dangereux patient ... 67
F. Perversion ... 67
Robert Dolby ... 67

Chap. 4 - Meurtrier(ères)s de 80 ans et plus ... 73

A. Rage ... 73
Jean Bastouill ... 73
Damien Barrois ... 74
Domenico Torrente ... 74
Germain Hayaux ... 75
Lloyd Woodlief ... 76
Un forcené de 80 ans ... 77
Susumi Tomizawa ... 77
Brian Paul Dennison ... 77
B. Troubles mentaux ... 78
Celso Gentili ... 78
Germain Hernandez ... 79
Une résidente en délire ... 79
Un dément de 86 ans ... 80
Frédéric ... 80
En état de démence ... 81
Claude Sinké ... 81
Okey Payne ... 81
Meurtrière à 102 ans ... 82
C. Perversion ... 82
Joachim Toro ... 82

D. Jalousie 83
Marcel Guillot 83
E. Légitime défense 84
Heriberto Pagan 84
Face à un intrus 85
F. Mobile financier 85
Clara Maes 85
G. Compassion 86
Un conjoint sans recours 86
Raoul L 86
H. Par amour 87
Un désespéré de 93 ans 87
Mort d'un couple âgé 87
Unis jusqu'à la mort 88
Pacte de suicide 88
I. Désespoir 88
Tragique conclusion 88

Chap. 5 - Les tueurs en série cessent-ils de tuer avec l'âge? 93

Mary-Élisabeth Wilson 94
John Reginald Halliday Christie 94
Mack Ray Edwards 97
Pedro Alfonso Lopez 99
Melissa Ann Shepard 100
Émile Louis 102
Gary Ridgway 105
Arthur Shawcross 109
Andrei Tchikatilo 112
Dorothea Puente 115
Louis Poirson 116
Anthony Hardy 118
Robert William Pickton 119
Darbara Singh 119
Douglas Baptista 120
Song Tiantang 120

Vlado Taneski 121
Aino Nykopp-Koski 121
Bruce McArthur 122
Lonnie-David Franklin Jr. 122
Tamara Mitrofanovna Samsonova 122
Michel Lambin 123
Jorge Negromonte 125
Chisako Kakehi 125
Sofia Zhukova 126

Conclusion 131

Bibliographie 137
Table des matières 139

Structures éditoriales du groupe L'Harmattan

L'Harmattan Italie
Via degli Artisti, 15
10124 Torino
harmattan.italia@gmail.com

L'Harmattan Hongrie
Kossuth l. u. 14-16.
1053 Budapest
harmattan@harmattan.hu

L'Harmattan Sénégal
10 VDN en face Mermoz
BP 45034 Dakar-Fann
senharmattan@gmail.com

L'Harmattan Cameroun
TSINGA/FECAFOOT
BP 11486 Yaoundé
inkoukam@gmail.com

L'Harmattan Burkina Faso
Achille Somé – tengnule@hotmail.fr

L'Harmattan Guinée
Almamya, rue KA 028 OKB Agency
BP 3470 Conakry
harmattanguinee@yahoo.fr

L'Harmattan RDC
185, avenue Nyangwe
Commune de Lingwala – Kinshasa
matangilamusadila@yahoo.fr

L'Harmattan Congo
219, avenue Nelson Mandela
BP 2874 Brazzaville
harmattan.congo@yahoo.fr

L'Harmattan Mali
ACI 2000 - Immeuble Mgr Jean Marie Cisse
Bureau 10
BP 145 Bamako-Mali
mali@harmattan.fr

L'Harmattan Togo
Djidjole – Lomé
Maison Amela
face EPP BATOME
ddamela@aol.com

L'Harmattan Côte d'Ivoire
Résidence Karl – Cité des Arts
Abidjan-Cocody
03 BP 1588 Abidjan
espace_harmattan.ci@hotmail.fr

Nos librairies en France

Librairie internationale
16, rue des Écoles
75005 Paris
librairie.internationale@harmattan.fr
01 40 46 79 11
www.librairieharmattan.com

Librairie des savoirs
21, rue des Écoles
75005 Paris
librairie.sh@harmattan.fr
01 46 34 13 71
www.librairieharmattansh.com

Librairie Le Lucernaire
53, rue Notre-Dame-des-Champs
75006 Paris
librairie@lucernaire.fr
01 42 22 67 13

www.ingramcontent.com/pod-product-compliance
Lightning Source LLC
LaVergne TN
LVHW021236061026
849535LV00008B/3080